Psicología del adulterio

Linda Watsom

Ediciones Afrodita

Índice:

Capítulo 1
¿Por qué nos volvimos monógamos?

Un poco de historia

La infidelidad sexual es la causa del 90% de los divorcios en Estados Unidos. Engañando a un esposo o esposa, el sexo con un tercero es percibido por la mayoría como una traición, un engaño, una falta de respeto, un golpe a la autoestima del otro, y es condenado por la sociedad. No siempre fue así. ¿Cuándo dejó de ser rentable para un esposo o una esposa engañar? ¿Cómo será el cambio en el futuro? ¿Y por qué, en general, la necesidad humana natural de sexo quedó regulada por la moralidad?

Antiguos beneficios de la monogamia

Para ser justos, lo admitimos: la gula también está incluida en la lista de pecados mortales. Incluso las personas no religiosas a veces tienden a criticar a aquellos que no pueden resistirse a un hot dog extra o un pastel de crema batida: un mayor enfoque en las necesidades fisiológicas básicas puede estar asociado con una voluntad débil o un bajo nivel de desarrollo.

Pero ningún candidato presidencial corre peligro de perder las elecciones si algún paparazzi vigilante nota cómo visita el frigorífico por la noche. Pero… si comienza a visitar a otra mujer, estando casado, esto muy fácilmente puede ser el final de su carrera política. ¿Cómo puede un buen votante confiar en este mentiroso y traidor?

¿Cómo sucedió que uno de los instintos básicos quedó exprimido en el marco de las categorías éticas?

Todas las principales religiones monoteístas, de una forma u otra, predican la abstinencia sexual y la limitación del número de parejas (se puede argumentar que el Corán otorga una ventaja injusta a los hombres, pero no tienen exactamente carta blanca allí). Dado que las religiones funcionan como una red de seguridad ideológica para el comportamiento socialmente útil, significa que una elección reflexiva de parejas sexuales es beneficiosa para la sociedad. O al menos antes era rentable.

Para aquellos que creen que en la antigüedad la gente disfrutaba de interminables orgías y solo los moralistas cristianos estrictos lo estropeaban todo, les espera una gran sorpresa: los antiguos griegos, por razones bastante filosóficas, creían que tener sexo solo con cónyuges legales era bueno y reducía la incertidumbre y el desorden en el mundo. Para las mujeres, las condiciones eran más estrictas, pero los maridos se apretaron gradualmente, ya en los siglos IV-III a.C. se desaconsejaba enérgicamente a los hombres que trajeran concubinas a la casa.

El ser siempre influye fuertemente en la conciencia, y hace unos 10 mil años, el lado material de la vida humana cambió radicalmente. Fue durante este tiempo que surgió la agricultura. Y, para bien o para mal, esto afectó las relaciones sexuales de las personas.

Antes de esto, nuestros antepasados cazadores-recolectores vivían en una sociedad donde la necesidad de compartir era la clave para la supervivencia. Hoy un jabalí fue atrapado por un cazador, mañana por otro, y cada uno de ellos debía compartir el botín con la tribu: ¿de qué otra manera se puede garantizar que cuando no obtienes nada, todavía obtienes una parte?

Para encontrar nuevos bisontes y nuevos campos de bayas, los antiguos podían caminar cientos de kilómetros por mes, y la propiedad personal en las tribus se redujo al mínimo; en tales condiciones, era bastante difícil saber dónde estaban los niños y quienes los cuidaban.

La agricultura cambió fundamentalmente estos puntos de vista. De repente se volvió increíblemente importante saber dónde termina tu campo cultivado y comienza el campo de tu vecino para pasar la propiedad privada a tu descendencia. Este pensamiento está perfectamente expresado en el décimo mandamiento: "No codiciarás la casa de tu prójimo, no codiciarás la mujer de tu prójimo, ni su siervo, ni su criada, ni su buey, ni su asno, nada que sea de tu prójimo".

No es casualidad que en esta lista se incluyera a una esposa a medio camino entre una casa y un burro: se convirtió en un tipo de propiedad bastante valiosa, dando a luz (en el caso de las familias campesinas) nuevas manos trabajadoras y en todos los casos, herederas de todo lo que se cultivaba, recolectaba y acumulaba. Nadie quería pasar burros y casas a los hijos de otras personas. Así que esta no fue la transición más romántica a la monogamia.

Hay otro factor importante: las enfermedades de transmisión sexual. Dos científicos, el matemático Chris Bouch y el antropólogo Richard McElrath, calcularon conjuntamente que en los días en que las personas vivían en pequeños grupos polígamos y nómades, los brotes de ITS (es decir, infecciones de transmisión sexual) no causaban daños graves a la población.

Pero con el comienzo de la vida sedentaria, las comunidades de personas que vivían en la comunidad crecieron en tamaño. Fue entonces cuando las ITS comenzaron a causar verdaderas epidemias si los vecinos vivían según los principios de la poligamia. La capacidad de tener hijos en tales comunidades disminuyó naturalmente debido a enfermedades de los órganos reproductivos, mientras que los grupos monógamos lograron reproducirse y multiplicarse de manera más eficiente. Cuando los vecinos del pueblo pudieron notar la conexión entre la enfermedad, la muerte y la poligamia, las relaciones monógamas ganaron puntos adicionales en la calificación.

Cuando el amor comenzó en el matrimonio

El advenimiento de la agricultura no es el único momento en la historia en que el formato de las relaciones ha cambiado junto con las realidades económicas. El siguiente salto se dio durante la transición de una sociedad tradicional a una industrial: donde antes se requería trabajo y la experiencia de varias generaciones para sobrevivir, y ahora, con dos pares de manos adultas era suficiente.

La urbanización también resultó ser un factor importante: los recién casados tuvieron la oportunidad de mudarse de sus casas de crianza. Esto hizo que la vida sexual fuera mucho más íntima: en alguna choza campesina simplemente no había forma de retirarse de las miradas del resto.

Al mismo tiempo, la educación sexual apareció por primera vez en la agenda amplia. Antes de esto, los niños de los estratos más bajos de la sociedad recibían información directamente de las observaciones de su entorno, y en los más altos había una gran brecha de género: para un joven noble estaba permitido satisfacer su interés con una prostituta para "debutar" y "calmar su lujuria"; mientras que a las mujeres de la nobleza, se las conformaba con descripciones muy simplificadas del proceso sexual a partir de las palabras de mujeres mayores y observaciones de cómo se apareaban los animales.

El amor en el matrimonio en la forma en que lo conocemos ahora (con un alto nivel de apego emocional y atracción sexual, bueno, al menos idealmente) en la sociedad occidental surgió como una tendencia masiva solo a finales del siglo XIX y principios del XX, cuando los jóvenes finalmente tuvieron la oportunidad de elegir a sus cónyuges, guiados por la simpatía, y no por la opinión de sus padres, y la emancipación femenina hizo posible percibir a la esposa no solo como un objeto sexual o un sirviente libre, sino también como un compañero igual con quien se pueda comunicarse plenamente e intercambiar pensamientos y emociones de una manera fascinante.

Antes de esto, todo tipo de estatus y factores económicos desempeñaron un papel principal en el matrimonio, y valía la pena mantener la fidelidad no por el bien de la exclusividad de los sentimientos, sino por razones completamente diferentes. Cuando a los recién casados se les dio la oportunidad de convertirse en una unidad separada de la sociedad, y no en una extensión de una gran familia patriarcal, la armonía de las relaciones personales de la pareja de repente se convirtió en una prioridad, lo que creó una demanda de psicología familiar y un sinfín de consejos sobre cómo empezar, corregir o actualizar las relaciones.

Buen sexo con un interlocutor interesante

Para sobrevivir en el mundo civilizado moderno, generalmente no es necesario tener una pareja: una persona puede mantenerse a sí misma y todos los asuntos domésticos, como planchar y limpiar se pueden subcontratar. A cambio, tener una pareja significó la esperanza de tener intimidad emocional, impresiones agradables, comunicación rica, satisfacción de la necesidad de aceptación, comprensión y autorrealización de las relaciones.

Y aquí surgió un inconveniente: resultó que la misma persona rara vez puede convertirse en una buena fuente de emociones románticas, un amigo confiable, un amante discreto y siempre un hermano interesante en el desarrollo personal. Por lo tanto, el tipo de monogamia "en serie" ha ganado puntos de popularidad adicionales: las personas viven con la misma pareja durante varios años, le son fieles (o al menos lo declaran), y luego la relación se vuelve obsoleta gradualmente y los participantes se dispersan en búsqueda de nuevos socios. Es la manera de explicar cómo en el mundo moderno el 50% de los matrimonios se divorcian.

Además, la globalización y la movilidad han llevado al hecho de que incluso un esposo y una esposa no siempre viven no solo en la misma casa, sino también en la misma ciudad o país. Algunos científicos creen que las nuevas tecnologías están cambiando el significado de hacer trampa de muchas maneras: la importancia del sexo está disminuyendo y la importancia de la sinceridad está creciendo. Y a veces es mucho más fácil hablar de tu dolor con un "amante" de otra parte del mundo que con un marido sentado en la cocina.

Sin embargo, la existencia de personas promiscuas puede amenazar nuestras propias estrategias sexuales: si estamos casados, tener opciones fácilmente disponibles para nuestra pareja… tienta, y si somos libres, la misma disponibilidad de sexo fácilmente disponible reduce el entusiasmo de nuestra pareja potencial por aproximadamente mucho tiempo.

Es decir, desde un punto de vista pragmático, la promiscuidad de otra persona puede amenazar nuestros intereses, por lo que la mayoría de la gente lo trata con condena. Por lo tanto, lamentablemente, el hábito de "slat-shaming" (condena a un gran número de parejas sexuales) puede no desaparecer por completo a medida que crece la tolerancia en la sociedad; después de todo, cualquier tolerancia tiende a terminar cuando existe una amenaza directa a nuestros intereses personales.

Capítulo 2
¿Qué es la traición afectiva?

"Hacer trampa". La psicología de hacer trampa es un fenómeno asombroso. Por un lado, hacer trampa es muy común, y algunas de nosotras hemos experimentado este fenómeno más de una vez en nuestras vidas; por otro lado, cada vez que se experimenta un dolor mental severo, existe la sensación de que el mundo se está desmoronando en pequeños pedazos y ya no hay posibilidad de pegar y arreglar nada.

En un estado de confusión y dolor mental tan fuertes, una persona puede comenzar a hacer varias cosas, deprimirse, vengarse, tratar de arreglar las cosas, etc. Y esto es más que natural: todos queremos deshacernos del dolor lo más rápido posible tomando una decisión rápida sobre cómo seguir viviendo. Y la mayoría de las veces, esa solución es terminar la relación. Sin embargo, los psicólogos que se ocupan de la psicología de la infidelidad aconsejan no hacer movimientos bruscos en un estado de pasión. Debe pasar mucho tiempo antes del momento en que una persona pueda calmarse y decidir razonablemente qué hacer.

Puede haber muchas formas de salir de esta difícil situación, y una ruptura en las relaciones está lejos de ser la única. Para comprender lo que sucedió y tomar la decisión correcta, es necesario, en primer lugar, ponerse en un estado de tranquilidad, lo cual, por supuesto, es muy difícil. La ayuda aquí podría ser hablar con un psicólogo que entienda la psicología de la infidelidad, o bien, colocar el norte de la mente en otros objetivos: viajes, el trabajo, los deportes. Habiendo encontrado el equilibrio interior, se puede intentar mirar la situación con seriedad y sensatez. Hay varias razones para el cambio. Tratemos de enumerar algunos de ellos.

1.   El engaño como señal de amor extinguido.

Es la primera razón que se distingue en la psicología de la traición. Por supuesto, en este caso, debe aclarar su relación con su pareja y reunir el coraje para salir con calma de esta relación. Al final, su pareja probablemente no tuvo las agallas de decirle la verdad, pero solo puede culparlo por eso, y no por la falta de amor.

2.   Hacer trampa como señal de un problema de relación.

Esta es la segunda razón en la estructura de la psicología del adulterio. Los problemas de relación no significan que el amor se haya ido. Más bien, por el contrario, tal traición sugiere que la pareja quiere resolver el problema de una manera sencilla y volver al amor. Por ejemplo, si un esposo siente que su esposa se ha distanciado de él, puede sentirse repentinamente atraído por su secretaria. Pero la base de esta atracción no es el amor por la secretaria, sino un intento compensatorio de hacer frente a sus sentimientos de frustración. Es decir, en lugar de hacer reclamos a su esposa, una persona inconscientemente corrige la situación haciendo trampa. Por lo tanto, los psicólogos dicen con mucha frecuencia que la traición a veces puede ser un estabilizador de la relación. A menudo, las personas que han pasado por traición, posteriormente recuerdan esto como una buena lección que les enseñó a tratar a su pareja con más atención, con mayor comprensión, simpatía, les enseñó a ser más tolerantes, generosos y serviciales.

3. Hacer trampa como señal de que una persona tiene algún tipo de problema interno.

También es una razón bastante común, en la estructura de la psicología de la traición. Estos problemas pueden ser muchos. Por ejemplo, la falta de preparación de una persona para una relación seria. Muy a menudo, tan pronto como una persona siente que las relaciones con su pareja se mueven a un nivel fundamentalmente diferente, el miedo interno lo empuja a traicionar. La persona misma sufre mucho. Después de todo, una parte de él quiere una relación seria (de lo contrario, siempre permanecería en el nivel de las relaciones superficiales), y otra parte tiene mucho miedo y empuja a una persona a las profundidades.

Otro problema interno puede ser la duda. Muy a menudo, con la ayuda de una gran cantidad de relaciones sexuales, una persona aumenta su autoestima, se demuestra a sí misma y al mundo entero que es un superhombre o una supermujer, que es un ganador y dueño de almas y cuerpos. Pero dado que la duda es un problema interno muy profundo que no se puede resolver de una manera tan casera, la persona todavía se queda con su propia inseguridad e insatisfacción.

Otro problema destacado por los psicólogos involucrados en la psicología del adulterio pueden ser varios tipos de estereotipos, seguidos de los cuales, por supuesto, también son dudas. Por ejemplo, existe el estereotipo de que un verdadero hombre debe tener no solo una esposa, sino también una amante. O, por ejemplo, a menudo se dice que la lealtad a un compañero provoca cierta dependencia de él y, por lo tanto, a una persona se le ocurren formas de evitarlo.

Hay otras razones, pero, en cualquier caso, no sería razonable reaccionar con una ruptura total en todas estas situaciones. Después de todo, si una persona en caso de infidelidad es impulsada por sus problemas internos, entonces, con la resolución correcta y calificada de estos problemas (por ejemplo, con la ayuda de un psicólogo que se ocupa de la psicología de la infidelidad), sería posible no solo recuperar la antigua relación, sino también hacer que estas relaciones sean más profundas y sinceras, sin que se vean ensombrecidas por ninguna dificultad psicológica.

Quizás una pareja amorosa, ante el hecho de la infidelidad, en lugar de sufrir emociones negativas, resentimiento y autocompasión, debería tratar de ver la situación de otra manera. Ver, por ejemplo, que los dos están sufriendo en esta situación. Ver que la vida es más complicada de lo que a menudo imaginamos, es decir, darse cuenta que siempre hay alguna causa detrás de un efecto, que tal vez no sepamos o malinterpretamos las situaciones. Recuerde que la traición es solo una señal, pero si la entiende correctamente, no solo puede no destruir, sino también renovar y mejorar las relaciones. En conclusión, hablando de la psicología de la traición, hay que decir que la traición puede ser tanto el final como el principio, y solo nosotros debemos decidir cómo termina.

Adulterio - 5 tipos principales:

• **Sexo casual por una vez**. Tales traiciones ocurren en fiestas corporativas, en viajes de negocios. Después de la intimidad, los amantes no mantienen una relación, no existe vínculo afectivo entre ellos.
• **Las relaciones con un amante o amante duran más de un año**, las reuniones son regulares. Al mismo tiempo, el traidor no quiere destruir a la familia.
• **Tener múltiples amantes.**
• **Infidelidad asociada a problemas en el matrimonio**. El adulterio ayuda a llenar el vacío resultante.
• **La infidelidad emocional** es una fuerte conexión emocional con una persona fuera del matrimonio. Las relaciones son amistosas, sin intimidad. Pero tal traición psicológica puede ser muy peligrosa para las relaciones legales. A menudo, un compañero está tan interesado en comunicarse con un nuevo amigo que deja de prestar atención a su alma gemela.

Los científicos creen que la predisposición a coquetear es inherente a una persona a nivel genético. Todas las personas que están casadas al menos una vez miraron con interés a un representante del sexo opuesto. Solo algunos están dispuestos a cruzar la línea para experimentar nuevas sensaciones. Otros no están dispuestos a arriesgar a sus familias por un pasatiempo fugaz, tienen una actitud negativa hacia la traición en la vida familiar.

Engaño emocional

Todo comienza de manera bastante inocente y parece una amistad ordinaria. Te comunicas con una persona, intercambias mensajes, salen juntos a caminar o hacer snowboard, comparten problemas y experiencias. Y luego, de repente, te das cuenta de que pasarás la noche con más placer enviando mensajes de texto con este nuevo "amigo" que viendo una película con tu propio esposo o esposa. Y esta conexión, que de repente se hizo inesperadamente fuerte, destruye tu relación con una pareja regular.

Lo que puede considerarse traición emocional

El engaño emocional es cuando una persona está casada o en una relación seria, pero le da a otra persona más tiempo, energía y sentimientos que su pareja. Con este "amigo" comparte sus pensamientos más íntimos, prefiere acudir a él o a ella, en busca de apoyo, calidez y caricias emocionales. En otras palabras, buscando emociones al margen.

Cuáles son las señales que vas en camino al engaño:

• Se está alejando de su cónyuge/pareja. Es difícil para usted hablar con él sobre algo que no sean los problemas cotidianos del hogar.
• Piensas en tu amigo/amiga todo el tiempo, no puedes esperar a conocerlo.
• No te interesa la intimidad con tu pareja, tanto emocional como sexualmente.
• Pasan menos tiempo juntos que antes.
• Compartes tus pensamientos, sentimientos y experiencias con un extraño, no con tu compañero.
• Estás buscando una razón para darle un regalo a un amigo o algo más para complacerlo.
• Te parece que un amigo te entiende mejor que un compañero.
• Mantienes tu amistad en secreto, no le dices a tu media naranja de qué están hablando, ocultas que fuiste a una reunión y prefieres no mencionar esta relación en absoluto.
• Te sientes atraído por tu amigo.
• A menudo peleas con tu pareja debido a tu relación con un amigo.

Y aquí están las campanas de alarma que indican que tu pareja o cónyuge te está engañando emocionalmente:

• Te evita, se comporta distante, a menudo te critica.
• Se ha vuelto reservado, escondiendo el teléfono o poniéndole una contraseña y cerrando la tapa de la computadora portátil si entras repentinamente en la habitación.

• Desarrolló intereses y pasatiempos inesperados. Se anotó al gimnasio, se preocupa repentinamente por su físico.

• Dice que está trabajando con un amigo o novia en algún proyecto y que a menudo necesitan tiempo extra.

• Constantemente habla de la otra persona alabando sus cualidades.

• Por lo general, no estás celoso, pero ahora sientes en tu interior que algo anda mal.

• Cuando trata de hablar sobre la situación, el esposo o la esposa actúa de manera hostil, te ataca o trata de hacerte parecer loco.

Hay varias diferencias fundamentales entre la amistad platónica y la traición emocional. La infidelidad comienza cuando un "amigo" se vuelve más cercano que el cónyuge o la pareja estable. Cuando los traidores vierten secretos íntimos de su pareja en este nuevo soporte emocional, y cuando hay atracción sexual entre "amigos" - consciente o no.

¿A qué conduce la traición?

Hacer trampa, desde un punto de vista moral, es un acto muy negativo. Pero además del divorcio y la condena de los demás, la traición puede llevar a una serie de otras consecuencias desagradables:

Colapso, neurosis por tensión nerviosa. El traidor está constantemente en un estado de estrés, especialmente si los lazos familiares significan algo para él. Tiene que mentir, inventar nuevas excusas, tienen miedo de que alguien se entere de su traición.

Los costos financieros están aumentando. Atraer la atención de un nuevo socio emocional requiere una importante inversión de tiempo y dinero. Hay que buscar un equilibrio, encontrar nuevas fuentes de ingresos, lo que provoca irritabilidad.

Aumenta el riesgo de contraer enfermedades de transmisión sexual. Una nueva pareja puede contagiar una enfermedad "desagradable". A menudo, una persona no sabe acerca de su enfermedad, solo es un portador. Y el condón no protege contra todas las infecciones de transmisión sexual.

En la mayoría de las veces sobreviene la culpa, que ocurre después de una traición espontánea. Deshacerse de la vergüenza, de los sentimientos negativos es difícil.

Cómo proteger su relación del engaño emocional

Algunos consejeros familiares creen que, si estás casado, debes evitar cualquier contacto con miembros del sexo opuesto (o del propio si hablamos de personas homosexuales). Esta será la prevención más eficaz contra la traición.

Esta opinión se hace eco de los puntos de vista patriarcales tradicionales, cuando el marido se opone a cualquier comunicación de su esposa con otros hombres. Pero este enfoque supone que uno de los cónyuges, con mayor frecuencia el esposo, no confía en el otro y viola su libertad. Y tales relaciones ya no pueden llamarse saludables e igualitarias. Además, el deseo de aislar a una pareja de la comunicación con los amigos es una señal de abuso emocional.

Las relaciones sanas basadas en la amistad, la confianza y el respeto mutuo son en sí mismas una defensa contra el engaño. Así que pruebe lo siguiente.

• **Pasar más tiempo juntos**
Tenga citas en cafés, restaurantes, teatros, películas o paseos. Aproveche todas las oportunidades para estar con su pareja.

• **Hable de lo que le preocupa**
No acumule resentimiento, ira e irritación. No espere que su pareja descubra por qué es infeliz. Hable de sus sentimientos, discuta lo que no le gusta, trate de encontrar una solución. Si fue grosero, ofendido, herido, no olvide disculparse y discutir lo que sucedió. En general, hablen entre ustedes tanto como sea posible. No solo sobre cuestiones cotidianas: sobre compras, facturas, reparaciones y grifos con fugas. Pero también sobre lo que le fascina: sobre libros, programas de televisión, sobre sus pasatiempos, eventos culturales y políticos. Y por supuesto, comparta sus sentimientos y experiencias.

• **Apoyarse**
Asegúrese de tomarse el tiempo para escuchar a su ser querido, animarlo, decirle que lo ama y que cree en él.

Capítulo 3
La ciencia del engaño

Desde el punto de vista de la neurociencia, el neurotransmisor dopamina juega un papel importante en el mantenimiento de cualquier relación romántica. Participa en el sistema de estímulo y formación de adicciones, incluidas las drogas y, en parte, el amor. Queremos que nuestra pareja se comporte de una manera determinada y placentera, porque el cerebro en este caso percibe sus acciones como una recompensa. Pero tan pronto como sus acciones dejan de satisfacernos, el efecto mágico de la dopamina se debilita, surge la necesidad de encontrar otra fuente de placer. La dopamina, de hecho, mantiene la primera pasión. Cuando se calma y la relación vuelve a la normalidad, hay que hacer un esfuerzo para mantenerlos. No todo el mundo está preparado para esto.

La oxitocina, también conocida como la hormona del vínculo, también juega un papel importante. Durante mucho tiempo se asoció únicamente con la relación entre madre e hijo, pero luego resultó que también se produce durante el contacto cercano entre amantes. Para que la oxitocina fortalezca su matrimonio, deben tomarse de la mano, abrazarse, besarse y, sí, tener relaciones sexuales. La falta de intimidad física en una pareja conduce a la infidelidad, no solo porque el hombre o la mujer se ven privados de la oportunidad de tener relaciones sexuales, sino también porque cuando no se tocan y no se pegan, los hilos de oxitocina que los atan se debilitan.

La psicoterapeuta Esther Perel dice que engañar a menudo no tiene nada que ver con nuestra pareja. Se convierte en parte de la búsqueda de uno mismo, incluso a través de la aceptación de la propia sexualidad y el trabajo a través de los traumas de la infancia. Una mujer puede estar muy felizmente casada con un profesor universitario inteligente. Pero si en su juventud su madre le prohibió encontrarse con un motociclista peligroso, de adulta puede buscarse un amante como él para cerrar el círculo, y comprender por qué, entonces, hace muchos años, necesitaba precisamente a un hombre así.

En 2013, un grupo de científicos británico-estadounidenses publicó los resultados de un estudio, durante el cual resultó que las personas engañan también porque no disfrutan ni siquiera del sexo o coquetear con otra persona, sino por violar las normas morales. A muchos de nosotros nos gusta sentirnos "equivocados", y hacer trampa es solo una forma de mostrar a los demás nuestra fuerza y audacia.

Los historiadores también se ocupan de los problemas del cambio clandestino de parejas. Hasta aproximadamente el siglo XIX, el matrimonio monógamo era un acto social y extremadamente pragmático. Era más fácil administrar una familia numerosa de a dos, que solo, y la transferencia de genes se consideraba casi sagrada. Ahora el papel del matrimonio ha cambiado: cada año nos volvemos más y más independientes económicamente, y en una pareja buscamos a una persona que se convierta en nuestro amigo, amante, compañero de viaje, confidente. Como resultado, cambiamos porque simplemente tenemos la oportunidad de buscar una pareja adecuada, incluso para el resto de nuestras vidas.

Cómo vivir con eso

¿Significa esto que estamos condenados a cambiar de pareja? Sí y no. Por un lado, en el matrimonio puede existir ciertamente un deseo de cambio. Por otro lado, si te comprendes a ti mismo y a tu relación con tu pareja, el riesgo de infidelidad o la necesidad de ella se vuelven menores.

Mucha gente espera que el romance, la pasión y las sorpresas que iniciaron una relación se trasladen al matrimonio. Cuando eso no sucede, buscan emociones al margen.

Es muy posible que detrás de la idealización de un hermoso comienzo haya un miedo a la rutina de la vida familiar. La creencia de que con el tiempo no habrá lugar para la belleza, el amor, ni el romance, aterran a más de uno. A menudo, siguiendo a sus madres cansadas, abuelas que sobreviven heroicamente solas, padres aburridos o borrachos, la gente lleva un programa profundo y destructivo: una familia es un deber, es un trabajo. Y la vida con placer, la ociosidad gozosa, la sexualidad de los cónyuges mostrada es un pecado y una vergüenza. Reconocer estas inhibiciones internas libera tanto la pasión como el romance y la alegría del reconocimiento mutuo sin fin.

Veamos otra situación. Ha aparecido un niño en la familia y la mujer le dedica todo su tiempo. Como resultado, un hombre engaña para obtener la atención que le falta en la familia.

Detrás de este escenario, hay una distorsión del sistema familiar: el esposo cae en un estado infantil y en una relación de competencia con el bebé por el amor de su madre, y la esposa asume heroicamente el papel de Madre ideal y omnipotente. Aquí es muy importante que una mujer transmita sus sentimientos reales a su esposo: un sentido de responsabilidad infinita por la vida del bebé, y fatiga, y un deseo de apoyo y consuelo, y la necesidad de confiar en un hombre. Y al esposo - compartir que se siente relegado a un segundo plano, que extraña las caricias y la ternura, que a veces se siente torpe e incómodo con el bebé. Este es un período extremadamente difícil, pero lleno de recursos en la vida de una familia, y al atravesarlo con sinceridad y juntos, los cónyuges pueden alcanzar un nivel muy profundo de intimidad.

En otros casos, uno de los dos engaña porque quiere vengarse del otro por agravios pasados: por indiferencia, por descortesía o por la traición que alguna vez cometió.

Aquí el camino es el diálogo. Trate de ser escuchado y trate de escuchar al otro. Hable en primera persona, no acusando ("¡Eres así, eres así!"), sino apelando a usted mismo: "Siento dolor. Siento que no puedo con todo", etc. Si se ha acumulado una maraña de quejas, es mejor recurrir a la ayuda de un intermediario: un psicoterapeuta. La traición por un sentido de venganza es una guerra en la que no habrá ganadores, incluso entre aquellos que se ven envueltos en este juego.

También puede suceder que el engaño se trae como patrón desde la familia de origen. El padre tomó una amante, por ejemplo, y la madre lo soportó, y ahora el hombre cree que todo en su matrimonio debe arreglarse de manera similar. O una mujer engaña a su marido porque no encaja en la definición de hombre ideal que su madre le impuso y, al darse cuenta de que no funcionará para cambiarlo, encuentra un amante.

Todos traemos algunos escenarios de la historia familiar de nuestros padres y abuelos a las sociedades. Incluyendo escenarios de cambios. El desafío que enfrenta cualquier persona que entra en una relación cercana es aprender a vivir con la cabeza, y con el corazón. Esos patrones que están "construidos en nosotros" pierden su poder tan pronto como nos hacemos la pregunta: "¿Realmente lo creo? ¿Realmente quiero esto o es aceptado? ¿Es esta mi (nuestra) decisión o saludos del pasado?". Nuestros abuelos fueron ayudados a sobrevivir por prioridades de vida completamente diferentes. Pero si ahora no son adecuados a nuestra cultura, nuestro yo, nuestras relaciones reales, nuestros sentimientos
vivos, necesitan ser reconocidos y despedidos de ellos, como ropa vieja.

Psicología de la traición

Para comprender las verdaderas causas de la traición, es importante darse cuenta de al menos dos aspectos de las relaciones de pareja: primero, lo que cada persona en una pareja realmente siente (tanto en situaciones específicas como en general), y segundo, cómo las parejas lidian con estos sentimientos.

A menudo, incluso los cónyuges que se aman no notan los sentimientos reales del otro. Por ejemplo, en el trabajo psicoterapéutico con una pareja casada que ha vivido enamorada durante muchos años, de repente resulta que detrás de la imagen conjunta "somos geniales excursionistas", la esposa ha acumulado durante mucho tiempo fatiga e irritación por la incomodidad de tales vacaciones. Pero ella ni siquiera puede admitirlo a sí misma, porque para ella y su esposo significaría "envejecer espiritualmente". El psicoterapeuta tiene que "amplificar" la voz de uno de los socios, que en la vida ordinaria suena más bajo.

Se puede dar un ejemplo de una situación más grave que involucre relaciones sexuales. Una vez un hombre bromeó groseramente en un momento íntimo. La mujer escuchó en este chiste la decepción por su atractivo, y esto se superpuso a sus propios complejos. Como resultado, ella comenzó a evitar la intimidad. Además, el hombre se sintió rechazado y dejó de ser activo. Si esta cadena de pensamientos e insultos no hubiera sido interrumpida por una conversación franca, uno de los cónyuges bien podría haberse derrumbado y tratado de encontrar su felicidad con otra persona.

Lo más importante es entender cómo se siente cada uno de los integrantes de una pareja. Estamos hablando de un sentimiento estable que puede acompañar toda la vida de la pareja y manifestarse en diversas situaciones significativas. Por ejemplo, alguien todo el tiempo siente que no cumple con los altos estándares de un cónyuge. Alguien, por el contrario, siempre está decepcionado e insatisfecho. Alguien se ve obligado a simplificarse a sí mismo, y alguien, a hincharse para parecer más interesante. Alguien siempre tiene razón, y alguien es "un tonto y un torpe".

Hay muchas variantes de tales patrones y las razones de su aparición, pero tarde o temprano se acumulará un sentimiento limitado y unilateral de ser cada uno de los socios y conducirá a una crisis en las relaciones.

Capítulo 4
La infidelidad masculina

Por qué los hombres engañan

Una de las principales causas de la infidelidad masculina es el ego herido. Si un hombre deja de sentirse un héroe en una relación, se vuelve más sensible a la atención de otras mujeres. Y si tu pareja piensa que ya no es atractivo y deseable, se siente culpable frente a ti, utilizará viajes a la "izquierda" para autoafirmarse.

Adulterio de hombres -razones:

• **Rutina en una relación**. A lo largo de los largos años de matrimonio, los sentimientos que originalmente unían a las dos personas desaparecen. El matrimonio se vuelve como un trabajo, donde todos realizan ciertas funciones. Para deshacerse del aburrimiento y el desánimo, un hombre comienza a pensar en buscar un "cambio".

• **Problemas en la vida sexual**. La insatisfacción con la vida íntima es una causa común de adulterio. La esposa puede no querer tener relaciones sexuales por varias razones: fatiga, el esposo ha dejado de ser sexualmente atractivo. Un hombre sin intimidad física se vuelve agresivo, a menudo deprimido. Por lo tanto, decide buscar una nueva pareja para el sexo.

• **Incapacidad para controlar sus instintos**. Los hombres son polígamos por naturaleza, por lo que muchos de ellos creen que su memoria genética les dice que a menudo cambien de pareja para tener relaciones sexuales.

• **Matrimonio joven**. Esta es una de las causas comunes de la infidelidad masculina. Los jóvenes a menudo perciben el amor por el amor verdadero, se casan. Pero después de un tiempo se dan cuenta de que se casaron temprano, "no caminaron", comienzan a compensar intensamente todo lo perdido.

• **El divorcio es imposible por varias razones**. Según estudios sociológicos, muchos hombres admiten que las relaciones maritales se han vuelto obsoletas, no hay sentimientos, pasión e interés por su esposa. Pero el divorcio acarrea una gran cantidad de problemas financieros, de vivienda, de propiedad, legales, existe la posibilidad de que el cónyuge limite la comunicación con los niños. Es más fácil ir periódicamente "a la izquierda" que recoger las consecuencias de un divorcio.

• **A menudo, los hombres engañan sin razón**. Simplemente hacer trampa en la familia es una manifestación de su carácter desagradable o el resultado de una percepción errónea de las relaciones.

Otras razones por lo que los hombres engañan

"La felicidad necesita fidelidad, la desgracia puede prescindir de ella". Séneca

¿Por qué los hombres engañan? Sé que esta pregunta interesa a muchas mujeres. Interesa principalmente en aquellas mujeres que necesitan una relación seria y duradera con su amado hombre, aquellas que se adhieren a los valores familiares y consideran la traición un acto imperdonable. Y esto es comprensible, porque para una relación normal, la devoción y la confianza de los socios entre sí son de gran importancia. Y la traición es siempre dolor, sufrimiento y humillación, y a veces es muy difícil sobrevivir. Por lo tanto, a las mujeres no solo les importa el problema de la infidelidad masculina, quieren saber cómo se puede resolver.

En primer lugar, quiero llamar su atención, queridos lectores, sobre el hecho de que no todos los hombres engañan a sus mujeres, a pesar de la poligamia en su naturaleza. Y no solo porque no pueden hacer esto, como creen algunos representantes del sexo débil, que ven traidores potenciales en todos los hombres, sino también por sus creencias. Desafortunadamente, no hay muchos de esos hombres, pero existen, y deberían saberlo. Después de todo, la infidelidad masculina puede tener muchas razones por las cuales es posible, en algunos casos, justificar y en otros explicar este acto. Pero si el hombre mismo no considera la traición como un acto aceptable para él, no engañará a la mujer que ama y respeta. Pero qué tipo de hombre está al lado de una mujer depende de ella.

Es cierto que en la vida hay más a menudo hombres que pueden engañar a su mujer si tienen una razón para engañar. A continuación, hablaré sobre las razones principales por las que los hombres engañan, y ustedes, queridas mujeres, asegúrese de pensar exactamente cómo su comportamiento puede contribuir al engaño masculino. Tengan en cuenta que hay hombres que nunca cambiarán, han engañado, están engañando y engañarán a todas las mujeres con las que empiecen a vivir. Y si tu hombre es así, entonces solo tienes que aguantar sus traiciones o dejarlo. Y hay hombres que engañan a su mujer en mayor medida por cómo es ella con él. En este caso, una mujer debe prestar atención a sí misma y a sus acciones, su comportamiento con un hombre, su actitud hacia él. Y luego, corregir todas esas deficiencias que empujan a su hombre a engañar. A menos, por supuesto, que el hombre sea querido por ella y ella quiera que él le sea fiel. Así que estudie cuidadosamente las razones de la infidelidad masculina que se describen a continuación y luego compárelas con lo que fue o lo que es en su vida.

Causas de la infidelidad masculina

1. **Tendencia al cambio:** La propensión de un hombre a hacer trampa depende de su educación. Como dije anteriormente, hay hombres que no pueden dejar de cambiar de mujeres, ya que el engaño es parte de su vida. Cambian no solo porque pueden cambiar, sino también porque quieren. Al comunicarme con estos hombres, me di cuenta de que ni siquiera pueden imaginar la vida sin relaciones con diferentes mujeres. Por lo tanto, tratar de inculcarles otros valores es un asunto, si no absolutamente sin sentido, al menos muy difícil. Por supuesto, podemos hablar sobre la naturaleza masculina, sobre la poligamia masculina, que los empuja a la traición, y hablaremos de esto a

continuación, pero, aun así, la educación en este caso juega un papel muy importante.

Por naturaleza, somos propensos a diferentes acciones, pero esto no significa que todas deban ser realizadas, y luego justificar estas acciones con nuestra esencia natural. Por lo tanto, es apropiado decir que hay hombres a los que les encanta comenzar constantemente relaciones amorosas con mujeres, y esos hombres no aparecieron debido a la naturaleza, sino a la educación. Para ellos, las victorias amorosas son una forma de vida. Las mujeres llaman a esos hombres mujeriegos, y son fáciles de reconocer: esos hombres prestan demasiada atención a otras mujeres, no pueden evitar hacerlo. Si una mujer se lleva bien con un hombre así, entonces no debe contar con su lealtad, si ella la necesita. Es importante entender aquí que, si una persona ha formado tal actitud hacia las relaciones con el sexo opuesto y hacia la vida en general, cambiar a esta persona prácticamente no funcionará, al menos sin su propio deseo, o sin una necesidad urgente. Después de todo, la gente suele vivir como quiere, y no como supuestamente es necesario, especialmente para otra persona. Por lo tanto, muchos mujeriegos no tienen el deseo de renunciar al placer y vivir la vida que quieren. Por lo tanto, o no te lleves bien con tales hombres si no te convienen, o no les exijas lo que no pueden darte. Pero no pueden... porque no quieren. Recuerda que un escorpión pica porque es un escorpión, esa es su naturaleza. Y la naturaleza masculina lo obliga a mostrar atención a otras mujeres. Y la educación correspondiente a esta naturaleza puede fijar en él una tendencia inquebrantable a la traición.

Es entonces cuando a un hombre se le enseña desde niño que tener muchas mujeres es un logro y una proeza, que los verdaderos hombres conquistan a diferentes mujeres, y que no se contentan con una sola. Por lo tanto, cuanto más tenía un hombre y más mujeres tenía, mejor, más alto era su valor. Y este no es solo un punto de vista masculino, sino que las propias mujeres pueden pensarlo. Por lo tanto, para algunos de ellos, la poligamia masculina es la norma, ya que es una cualidad biológica integral del sexo fuerte. Un hombre con tales creencias no querrá limitarse en sus deseos.

2.   Búsqueda del placer: Sabes, presto especial atención a este momento, porque creo que apaciguar los propios deseos y apetitos por el bien propio y ajeno es propio de personas excepcionalmente prudentes. Todas las personas en esta vida luchan por el placer, evitando el dolor, este es un deseo natural para nosotros. Pero puedes luchar por el placer de diferentes maneras: puedes hacerlo respetando los intereses y las necesidades de otras personas, especialmente de los seres queridos y cercanos, o puedes ser un egoísta terrible y pensar solo en ti mismo. Entonces, cuando un hombre no pone en nada los intereses, sentimientos, necesidades y deseos de su mujer, esposa, pensando solo en sí mismo, en sus intereses, deseos y necesidades, es un verdadero egoísta. El deseo de placer lo empuja no solo a la traición, sino también a muchas otras acciones inaceptables para una mujer. Por ejemplo, al derroche indiscriminado de dinero, al consumo excesivo de alcohol, al juego, etc.

Muchas mujeres que viven con hombres así y con quienes trabajé dijeron que su esposo se había vuelto un egoísta. Es decir, ya ves, desde su punto de vista, él no era él cuando se conocieron, pero se convirtió en un egoísta, después de un tiempo. Esto realmente sucede, por varias razones, no lo negaré. Una vida demasiado buena relaja a un hombre, y comienza a permitirse mucho. Pero muy a menudo se puede reconocer a un hombre demasiado egoísta en la etapa inicial de relación con él. Solo necesita prestar atención a todo tipo de pequeñas cosas en su comportamiento. Y entonces será posible ver si es un egoísta o no. O más bien, qué egoísta es: espeluznante o moderado. Si ves que es todo para sí, que a menudo se olvida de tus intereses y constantemente tienes que pedirle algo, pero él mismo no puede adivinar tus necesidades: saca conclusiones. Incluso con cosas tan aparentemente distantes como un cambio frecuente de automóvil, cuando un hombre se esfuerza constantemente por comprarse un automóvil nuevo y moderno, una puede comprender cuál es su naturaleza. Y no se trata de dinero, se trata de luchar por algo nuevo, mejor, que puede ser demasiado imprudente, lo que indica la incapacidad de una persona para apreciar lo que ya tiene.

En sí mismo, luchar por algo nuevo y mejor es el esfuerzo correcto, pero la forma de este esfuerzo puede ser diferente. Si, por ejemplo, teniendo un buen auto que funciona, un hombre lo cambia innecesariamente por otro nuevo, buscando placer como un niño, entonces ¿por qué no puede hacer lo mismo con su mujer? engañarla por el mismo placer. Verán, queridas amigas, la madurez de la mente está determinada, entre otras cosas, por la capacidad de una persona para controlar sus deseos. El egoísmo, en su forma poco atractiva, es inherente a los niños, es decir, a una mente inmadura. Los niños también se sienten atraídos por el placer, sin darse cuenta a dónde puede llevarlos ese deseo, y si no están limitados, pueden, en primer lugar, dañarse a sí mismos. Sólo un adulto, un hombre, debe poder y querer limitarse, en aras de una vida normal y estable, en aras de la felicidad con su mujer. Si no hace esto, no deberías sorprenderte de su traición. Hay poca demanda de niños adultos.

3. Deseo de diversificar tu vida sexual: Este deseo es inherente a muchas personas de ambos sexos. La única pregunta es con qué fuerza se manifiesta y en qué forma. Con el tiempo, todo se vuelve aburrido, esto es comprensible, pero para mantener el interés en la vida, en el sexo, en el sexo opuesto, en tu mujer o en tu hombre, necesitas algún tipo de variedad. Un hombre necesita especialmente esto, porque su naturaleza masculina no puede soportar la monotonía en las relaciones sexuales. El efecto Coolidge simplemente describe la teoría de la poligamia masculina, (A este punto ya lo abordé en mi libro "Olvidarte de él"). Por lo tanto, una mujer necesita introducir algún tipo de variedad en su vida sexual, o es probable que un hombre busque esta variedad al margen. En principio, si abordas este tema con imaginación y entusiasmo, entonces puedes muy bien diversificar las relaciones sexuales, y de tal manera que será interesante y dará gran placer no solo a un hombre, sino también a una mujer. Hay muchas maneras de diversificar tu vida sexual. Para que puedas estudiarlas y usarlas.

4. Insatisfacción: En parte, este párrafo es una continuación del anterior, solo que, en este caso, la insatisfacción sexual de un hombre puede estar asociada no solo a la falta de diversidad en el sexo, sino también a su cantidad insuficiente y baja calidad. Además, la sencillez de las relaciones sexuales, sin, por así decirlo, fantasías sexuales, que durante mucho tiempo se han convertido en la norma de nuestra sociedad depravada, puede afectar la insatisfacción sexual de un hombre. Estas fantasías, de hecho, no tienen nada de malo, este es un tipo de punto culminante en el sexo, lo que afecta su calidad. Ella debe estar presente en la relación entre un hombre y una mujer, para que se interesen el uno por el otro y se atraigan el uno al otro. Por lo tanto, si hay poco sexo en la vida de un hombre o es de calidad insuficiente, es posible que se desvíe hacia la izquierda. Pero esto es reparable.

5. Falta de intimidad: El sexo es sexo, pero seguimos siendo personas, no animales, por lo tanto, además de las necesidades instintivas animales, también tenemos necesidades espirituales humanas, incluida la intimidad espiritual con un ser querido. Basándome en mi experiencia laboral, puedo decir que no hay muchos hombres que estén insatisfechos con su relación con una mujer debido a la falta de intimidad espiritual con ella y, por lo tanto, la engañen. Pero lo son, por lo que esta necesidad masculina de una mujer debe tenerse en cuenta. Por lo general, una mujer que ama a su hombre no suele tener problemas con la intimidad con él. Sin embargo, se debe prestar más atención a este punto. Los hombres raros que aprecian en una mujer, incluidas sus cualidades espirituales, son valiosos a su manera, pero también tienen necesidades únicas. No olvides satisfacerlos, y entonces ese hombre simplemente no tendrá motivos para engañarte.

6. Deseo de hacerse valer: También es una razón muy común por la cual los hombres engañan. Tal deseo ocurre principalmente en hombres notorios e inseguros. Al no representar nada de sí mismos, quieren llenar el vacío interior con logros externos insignificantes, viendo en esto la única oportunidad para ellos mismos de volverse más significativos, principalmente a sus propios ojos como personas. Pero también hay hombres que lo hacen por convicción e incluso con cierto grado de agresividad, ya que están seguros de que la autoafirmación a través de numerosas victorias sexuales es una manifestación de las fortalezas de un hombre. Puede lidiar con las dudas de un hombre y sus complejos, una mujer puede hacerlo ella misma, con la ayuda de la actitud correcta hacia su hombre, o contactando a un especialista que le dirá qué y cómo hacer. Pero con las creencias que tiene un hombre sobre las victorias sexuales, con la ayuda de las cuales se afirma, las cosas son más complicadas. Aquí ya es necesario cambiar la cosmovisión de un hombre, inculcarle nuevos valores, mostrarle la vida desde el otro lado. No todos los especialistas pueden hacerlo. Sin embargo, si un hombre mismo reconoce la necesidad de cambiar su comportamiento, por el bien de su mujer, por el bien de su familia, por el bien de la felicidad, se le puede ayudar.

7. Insatisfacción con tu vida: Algunos hombres pueden decidir hacer trampa debido a la insatisfacción con sus vidas. En este caso, una mujer puede no tener nada que ver con el comportamiento de un hombre, quien, según una serie de otros criterios, puede calificar la calidad de su vida como muy baja. Por lo tanto, necesita mejorarlo con la ayuda de nuevas sensaciones, nuevos conocidos, nuevas relaciones, nuevas aventuras. El caso no es frecuente, pero sí interesante, principalmente porque un hombre así puede tratar muy bien a su mujer, pero aún, así engañarla. Un hombre así, para dejar de engañar a su mujer, esposa y, en general, dejar de estar insatisfecho con su vida, necesita repensar mucho. Una mujer en este caso debería aconsejar a su hombre que cambie, por ejemplo, de trabajo si no le gusta, o de lugar de residencia si es pésimo, para mejorar la calidad de su vida. Entonces la traición, como medio de consuelo, un hombre no necesitará. Sin embargo, si la situación es difícil, si la insatisfacción de un hombre con su vida se explica por su insatisfacción con su relación con su mujer, transfiriendo así la responsabilidad de sus propios problemas, principalmente internos, a ella, entonces es necesario entender más minuciosamente este problema. Después de todo, la misma crisis de la mediana edad puede afectar la visión que tiene un hombre de su vida en colores excepcionalmente sombríos, que no corresponderán a la realidad, pero que, sin embargo, tendrán un impacto muy fuerte en su comportamiento. Y si un hombre no puede articular claramente sus pensamientos, explicando su insatisfacción con las relaciones con una mujer, no puede explicar exactamente qué no le gusta, qué no le conviene, lo que le falta en estas relaciones: es mejor arrastrarlo a un psicólogo, por cualquier medio. De lo contrario, tal insatisfacción puede comenzar a manifestarse en él no solo en traición, sino también en otras acciones incorrectas e irreflexivas.

8. Venganza: Si en la vida de una mujer hubo acciones que causaron una fuerte ofensa a su hombre, si ella misma le fue infiel, entonces la probabilidad de que él la engañe por venganza es bastante alta. Pero esto se puede evitar, o puedes asegurarte de que la traición de un hombre no vuelva a suceder por este motivo, y para ello necesitas empezar a tratarlo muy bien, mostrándole tu amor y respeto, y demostrándole que lo aprecias mucho, como hombre. Es importante que un hombre se sienta como un hombre, y no como un trapo con el que puedes limpiarte los pies. Demuéstrale que lo engañaste por error, y no porque el otro sujeto fuera mejor que él. Por lo tanto, es posible disolver el resentimiento que se ha instalado en él, y luego desaparecerá de él el deseo de cambiar para vengarse. En general, queridas mujeres, traten de no cometer tales errores, lo cual puede afectar negativamente sus vidas, y en particular, su relación con su hombre. Entiendo que esto suena algo banal, pero ya saben, cuando una persona piensa a menudo en esto, en las consecuencias de sus acciones, comienza a tenerlas en cuenta.

9. Aburrimiento: A veces, un hombre simplemente se aburre y se desinteresa de su mujer, como resultado de lo cual comienza a sentirse atraído por aventuras paralelas. Esta es una de las causas más comunes de infidelidad masculina, pero sin embargo creo que tiene su origen en la crianza. Sí, vivir con una mujer que, por ejemplo, no está interesada en lo que a él le interesa, y además cuida a los niños todo el día, sin prestarle suficiente atención, puede volverse aburrido con el tiempo. Pero puedo decir con plena confianza que cualquier vida se vuelve aburrida con el tiempo, y hacerla interesante causando dolor a otra persona, creo, es inaceptable para una persona seria, culta y de buenos modales. Según tengo entendido, el aburrimiento no es una razón para hacer trampa. Y si un hombre aprovecha esta ocasión para mejorar su vida sexual con una extraña, pero al mismo tiempo la agrava con su mujer, esto habla de sus bajas cualidades morales y espirituales. Si una mujer está lista para soportar esto, puede hacer la vista gorda, si no, debería pensar en un compañero de vida más digno.

10. Debilidad: El carácter débil de un hombre puede provocar que otra mujer lo seduzca y él decida aceptarla. Y si su mujer, su esposa, lo presiona constantemente, teniendo un poder total sobre él, entonces él la engañará sin ningún remordimiento. Tales hombres débiles, por supuesto, son repugnantes, pero a menudo las mujeres mismas hacen que sus hombres lo sean, llevándolos bajo el talón. Aquellas mujeres que quieren dominar a sus hombres van en contra de las leyes de la naturaleza. Matan al macho que hay en ellos. Por un lado, esto le permite a la mujer ganar poder sobre su hombre y obtener obediencia de él, pero, por otro lado, obtiene un hombre extremadamente poco atractivo (un femenino), que es prácticamente incapaz de cualquier cosa, salvo ser interceptado por cualquier mujer más o menos activa. Por eso pienso, estoy convencida de que, para una relación normal, un hombre debe seguir siendo un hombre y una mujer una mujer.

Entiendo que la vida actual dicta sus propias reglas cuando una mujer necesita asumir las responsabilidades de los hombres: mantenerse a sí misma, a sus hijos e incluso a su familia, resolver problemas, hacer otras cosas para las que un hombre es más adecuado. Es difícil para esas mujeres darle el liderazgo en la familia a un hombre, especialmente a un hombre que no se parece ni remotamente a un líder. Pero no hay necesidad de reprimir a tales hombres. Puede tratar de ayudarlos a convertirse en hombres normales, existen tales oportunidades, pero no necesita hacer un trapo con ellos y luego limpiarse los pies con él. Hoy te limpias los pies con este trapo, mañana lo hará otra mujer que te quitará este juguete sin tu consentimiento. Al hombre débil hay que inculcarle autoestima, para que se respete tanto a sí mismo como a su mujer, y no permita que nadie interfiera en su vida personal, y mucho menos la arruine. Y un hombre deprimido, humillado, no tiene autoestima. Él no controla los factores externos, ellos lo controlan a él.

Entonces, queridas mujeres, piensen cuidadosamente antes de reprimir a un hombre, con la expectativa de que se convierta en un juguete para ustedes, que pueden torcer y girar como deseen.

Por otro lado, si una persona profesa valores familiares, entonces esto es una cosa, pero si una persona profesa amor libre y un estilo de vida libre de obligaciones, entonces... es otra. Cada persona tiene sus propios deseos y metas en la vida. Y creo que todos deben actuar sobre la base de estos mismos deseos y objetivos, sin engañarse a sí mismos ni a otras personas. Si un hombre no puede o no quiere vivir una vida familiar que implique asumir ciertas responsabilidades y obligaciones, entonces no necesita casarse, tener hijos y luego correr hacia la izquierda, creando así ciertos problemas para su familia.

Después de todo, no todas las mujeres aceptarán esto. No hay necesidad de estropear la vida de otras personas, porque puedes vivir de la manera que quieras, con quienes comparten tus puntos de vista sobre la vida. Y una mujer también debe entender esto, que no hay necesidad de llevarse bien con un hombre que no es capaz no solo de permanecer fiel a una mujer amada, como tampoco vivir una vida familiar en general. Algunos hombres no son aptos para esto, digan lo que digan.

Y, en general, todos debemos recordar que no solo nos impulsan nuestros instintos, sino también la razón. Por lo tanto, necesitamos aprender a dominar nuestro egoísmo y no dejarnos llevar por algunos de nuestros deseos, para no lastimar a otras personas, especialmente a aquellos que amamos y apreciamos, que confían en nosotros. Entonces, si un hombre puede cambiar, esto no significa que necesite hacerlo. Si junto a él hay una mujer buena, cariñosa y respetuosa, y a pesar de ello la engaña, creo que él se está engañando a sí mismo. ¡No solo la traiciona a ella, sino también a sí mismo y a su felicidad!

Capítulo 5
La infidelidad femenina

Por qué las mujeres engañan

El adulterio de la mujer es algo mucho más complicado que la infidelidad del hombre. Los chicos pueden cambiar impulsivamente sin tener sentimientos por una chica desconocida. Las mujeres rara vez cambian espontáneamente. La mayoría de las veces, la traición es una venganza, un acto prudente y consciente, una nueva relación con sentimientos fuertes.

Causas del adulterio en la mujer:

• **El esposo pasa mucho tiempo en el trabajo** o, a menudo, realiza viajes de negocios. Una mujer se cansa de la soledad, de lo que tiene que decidir y hacer ella misma. Ella sufre sin sexo, afecto masculino y contacto. La razón puede ser la sospecha de que el esposo se esconde detrás de los viajes de negocios y el trabajo, y pasa este tiempo con su amante.

• **Venganza**. A menudo, la traición en respuesta parece ser la única salida para vengarse de su esposo por insulto, humillación. Pero en tal situación, no hay necesidad de actuar apresuradamente. Si los hombres están tranquilos acerca de sus propias infidelidades, las mujeres después del adulterio a menudo experimentan una fuerte angustia mental.

• **El sexo con su marido no es satisfactorio**. A menudo, la razón para buscar una nueva pareja para el sexo es el deseo de realizar fantasías sexuales. Pero en tal situación, solo necesita armarse de valor y hablar francamente con su esposo. En el 90% de los casos, una conversación sincera ayuda a resolver el problema de raíz. Si el asunto es la impotencia, la traición tampoco ayudará, es mejor consultar a un especialista.

• **La razón puede ser un matrimonio largo**, cuando los socios ya no son tan atractivos sexualmente el uno para el otro. Rutina en las relaciones, peleas y conflictos por nimiedades, sexo marital de servicio sin un toque de romance, pasión y emociones. La falta de atención a menudo empuja a las mujeres a hacer trampa.

• **Marido débil**. Si un hombre no puede insistir por sí mismo, no sabe cómo tomar decisiones, proporciona una gran libertad de elección, una mujer comienza a probar su fuerza. Una de estas manifestaciones es la traición.

• **Sed de nuevas sensaciones**. La estabilidad familiar y la previsibilidad, la sensación de que "el amor se ha quedado sin pilas" es la razón para querer tener sexo con otro hombre. Una nueva pareja es una oportunidad para volver a sentirse deseable y sexualmente atractiva, un subidón de adrenalina. Pero el efecto de la novedad desaparece rápidamente, dejando solo un sentimiento de culpa por la traición.

• **La mujer cree que se merece algo mejor**. A menudo, las mujeres no se casan por amor, sino porque es necesario, los parientes acosan con preguntas. Como resultado, en el matrimonio no experimenta ninguna satisfacción moral, se siente rehén, se siente mal e incómoda. Ella cree que merece una vida mejor, una mejor relación y un mejor hombre. Tales mujeres, después de la traición, no se preocupan por el remordimiento.

La naturaleza femenina

El adulterio siempre se ha considerado un gran pecado porque causa un gran dolor y sufrimiento a la pareja y, a menudo, conduce a la ruptura del matrimonio. Esto suele afectar a los niños que son muy sensibles al divorcio de sus padres. Además, incluso si el matrimonio no se rompe, la traición mata la confianza de los cónyuges entre sí, lo que afecta negativamente su futura vida en común. Por lo tanto, la traición es condenada en cualquier sociedad. Pero a pesar de su condena, las personas, tanto hombres como mujeres, engañaron y continúan engañándose unos a otros.

La traición de una mujer es siempre un fuerte golpe para el ego de un hombre. En la mayoría de ellos, después de tal acto de una mujer, la autoestima cae instantáneamente, la capacidad de trabajo y la actividad disminuyen. Sin embargo, el adulterio femenino tiene una serie de consecuencias negativas para la mujer misma, en las que muchas veces no piensa cuando decide engañar. En primer lugar, esta es una muy mala reputación que una mujer adquiere a los ojos de los hombres al engañar a su hombre, a su marido.

Ella también, por su acto, releva a un hombre de muchas obligaciones hacia ella. Por ejemplo, releva a un hombre de la necesidad de serle fiel y cuidarla como él podría hacerlo, sabiendo que ella le era fiel. Por supuesto, en diferentes casos, diferentes hombres tienen diferentes actitudes hacia la traición de su mujer, pero la mayoría de las veces esta actitud es extremadamente negativa. Por lo tanto, su traición puede afectar la vida futura de una mujer de la manera más desfavorable.

Entonces hombre, tu mujer, esposa, novia, te engañó. Y ahora quieres entender, ¿qué sucedió realmente? Tus pensamientos están confusos, los gatos están arañando tu alma, no puedes encontrar un lugar para ti, estás abrumado por una variedad de sentimientos negativos. Todo esto te impide mirar lo que sucedió con un ojo sereno y razonable, para decidir qué debes hacer a continuación. Y lo que sucedió, creo, fue que tu mujer te mostró de lo que es capaz.

En general, creo que el adulterio femenino debe tratarse filosóficamente. Si una mujer o esposa te engañó, esta es una ocasión para que pienses en tu vida y tal vez cambies algo en ella. Lo que hay que cambiar depende de lo que quieras de la vida. Si tu objetivo es crear una familia fuerte, amistosa, confiable y próspera en la que los cónyuges se dediquen el uno al otro, entonces, por supuesto, necesitas una pareja confiable, una mujer trasparente en quien no recaigan sospechas. Por lo tanto, si tu esposa no es capaz de ser fiel, debes separarte de ella. No exija de una persona lo que no es capaz de hacer, simplemente te apartas. Y si toda tu vida es una búsqueda constante de placer, si los valores familiares te son ajenos y tú mismo eres propenso a la traición, entonces piensa si vale la pena preocuparse por la infidelidad de tu esposa. Piensa lo que quieres de la vida, y puede resultar que la devoción de una mujer no sea tan importante para ti. Ella te engañó, pero tú, a su vez, también puedes vivir una vida más libre y plena, sin ninguna obligación con ella.

Averigüemos ahora: ¿por qué las mujeres engañan a los hombres? Se trata de la naturaleza femenina, que da lugar a la necesidad de la mujer de ser deseada por los hombres. Una mujer necesita ser amada, que le presten atención, que la admiren, que la cuiden y que la deseen. Por lo tanto, una mujer se esfuerza por ser bella para atraer la atención de los hombres. Su tarea es elegir al mejor hombre y dar a luz hijos de él. Por lo tanto, sus deseos instintivos están dirigidos a satisfacer esta necesidad particular. Si un hombre por naturaleza busca fertilizar tantas hembras como sea posible para asegurar la supervivencia de su especie, entonces una mujer, a su vez, se esfuerza por seducir a tantos hombres como sea posible para elegir a los mejores, más dignos de ellos. Todo es muy simple, es nuestra naturaleza, nuestras necesidades instintivas que nos impulsan. Y es solo nuestra educación, nuestras creencias y la cultura que mantenemos lo que impide que algunas de nosotras cometamos adulterio.

La sociedad no puede ser estable sin condenar tales actos, y toda nuestra civilización se revolcará en la fornicación y la depravación, destruyéndose a sí misma. Pero al mismo tiempo, nunca debemos olvidar qué necesidades se esconden dentro de nosotros. Puede introducir cualquier castigo por traición, hasta la pena de muerte, pero aún habrá traición, porque una persona es propensa a ellos, tanto hombres como mujeres. Las personas se engañarán entre sí si no pueden o no quieren controlar sus necesidades instintivas.

Por lo tanto, queridos hombres, si su mujer, su esposa, los engañó, entonces esto significa que ella simplemente no pudo hacer frente a su naturaleza, siguió con sus instintos y dio rienda suelta a sus deseos. Puede que no tengas la culpa de esto en absoluto, así que no te culpes de atemano. Sí, hay casos en que un hombre, por su comportamiento, empuja a una mujer a engañar, no lo negaré. Cada caso es diferente, así que no puedo hablar por todos. Pero debes recordar que las mujeres siempre se esfuerzan por llamar la atención de los hombres, sobre todo si son mujeres hermosas, seguras de sí mismas, sin complejos. Mira cuántas mujeres casadas se esfuerzan por verse hermosas, y algunas, desafiantemente hermosas, para atraer la atención de los hombres y así sentir su importancia, sentir su fuerza. ¿Todas tienen malos maridos? No. Los maridos no tienen absolutamente nada que ver con eso. Se trata de la naturaleza de una mujer, quién es lo que es.

Entonces, las mujeres siempre estarán interesadas en los hombres, incluso si ellas tienen esposos. Y los hombres estarán interesados en las mujeres, incluso si están casados. Por supuesto, hay instintos, pero hay una mente que tanto las mujeres como los hombres deben escuchar para no cometer tales actos que causarán dolor y sufrimiento a su pareja. Pero una persona es demasiado débil para controlarse constantemente y en todo. Por lo tanto, de alguna manera, ciertamente dará holgura.

Entonces, ¿la traición de una mujer, esposa, en este caso, es su error? Indudablemente. Si pierde más de lo que gana siguiendo sus instintos, entonces, por supuesto, su traición es un error. Pero, ante todo, sigue siendo su debilidad. Así es como un hombre, que tiene una esposa de belleza maravillosa, amorosa y respetuosa, lista para cualquier cosa por él, pero por alguna razón él la engaña con una chica indescriptible, siguiendo su natural, y hablando en lenguaje cotidiano, instintos de perro, matando así la confianza y el respeto propio, así es como una mujer, sin ninguna lógica, puede continuar con sus instintos femeninos y engañar a su hombre, socavando por completo su confianza en sí misma y, a menudo, destruyendo a su familia de esta manera, y con ella a su felicidad. Todo es una manifestación de un comportamiento inconsciente e instintivo, por lo tanto, es inútil buscar la lógica aquí: se trata de deseos emocionales que una persona no controla con su mente.

Más bien, desde el punto de vista de la naturaleza, aquí hay lógica. Se encuentra en el deseo de las mujeres de llamar la atención de los hombres, y en el otro caso, en el deseo de los hombres de conseguir la mayor cantidad de mujeres posible. Ya lo cito Sigmund Freud, el hombre entrega su mayor poder sexual en la mujer que encuentra "degradada", ya que con ella se permite hacer lo que con su esposa no se anima. Con la primera cumple sus fantasías sexuales, porque esta mujer no le importa; pero con la mujer propia, que le recuerda a su madre, se limita en su lujuria. Por eso no es de extrañar, que teniendo a su lado una mujer inteligente y hermosa, termine engañándola con otra mujer que es lo opuesto. Todo esto es en interés de la naturaleza en términos de la reproducción de la población humana. Así que hacer trampa es un acto humano natural. De alguna manera es incorrecto, inmoral, feo, pero natural. Si una persona es demasiado débil para controlar sus deseos instintivos, traicionará, engañará, tan pronto como las circunstancias lo empujen a ello.

Y para comprender la traición y posiblemente perdonarla, debe prestar atención no a los demás, sino a sus propias debilidades y deseos secretos y sentir su fuerza. Tal vez usted, como hombre, como persona de alta moral, no puede imaginar el sexo sin amor, nunca ha engañado a su mujer y, por lo tanto, le resulta difícil comprender a una persona que puede decidir engañar. En este caso, preste atención a sus otras debilidades, que no lo convierten en una persona ideal, ni en un hombre ideal, ni en un esposo ideal. ¿Las tienes? Estoy seguro de que las hay. Présteles atención, sienta sus poderes, que afectan su comportamiento y lo vuelven imperfecto, más allá del control de su mente. Siente lo que es continuar con sus emociones y sentimientos, haciendo lo que, desde el punto de vista del sentido común, no necesitas hacer, pero tiene que hacerlo. Y luego, imagine que exactamente las mismas fuerzas (debilidades) actúan sobre aquellas personas que engañan a sus cónyuges. Y en particular, las mujeres no pueden hacer frente a estas fuerzas y engañar a su hombre, sin ninguna razón lógica. Esto le ayudará a entenderlas. Esto le ayudará a comprender el motivo de las trampas, lo que puede no afectar su actitud hacia tales actos, pero al menos le dará una mejor comprensión de por qué las personas los cometen.

Hay otro punto importante en la infidelidad femenina que debe tener en cuenta. Tiene que ver con la edad de la mujer y su visión de su futuro. Cuanto más envejece una mujer, menos atención comienzan a prestarle los hombres, y la mujer siente esto y la asusta. No todas las mujeres admiten que tienen miedo de envejecer, no porque la vejez sea terrible en sí misma, sino porque temen que los hombres, incluido su propio esposo, dejen de prestarle atención, dejen de interesarse por ella, dejen de quererla. Pero este miedo vive en una mujer, por lo que está buscando oportunidades para obtener más amor y atención de la vida a una edad temprana, mientras que la demanda de los hombres por ella es lo suficientemente grande. Todas estas aventuras amorosas, intrigas, coqueteos: todo hace que la vida de una mujer sea interesante y alegre. La hacen sentir viva, demandada, necesaria, deseada.

A menudo, las mujeres no necesitan tanto el sexo como las relaciones con otros hombres, especialmente cuando sus propios maridos les prestan poca atención. Necesitan la atención de un hombre, quieren ser cuidadas, amadas, deseadas. Y el sexo a menudo ocurre por iniciativa del hombre, porque son ellos quienes lo necesitan más, mientras que una mujer necesita más emociones y sentimientos. Y la mujer cede: va por traición porque no solo quiere quitarle al hombre lo que necesita, sino también darle algo a cambio. Al mismo tiempo, puede amar a su esposo y su familia, pero las emociones, los sentimientos, los instintos, a veces es muy difícil para las personas lidiar con ellos. Necesitan la atención de un hombre, quieren ser cuidadas, amadas y premiadas. No es extraño, entonces, comprender que estadísticamente, las mujeres pasan por una etapa de infidelidad natural entre los 30 y los 40 años, cuando se liberan del cuidado permanente de sus hijos, ya que están en la escuela, su esposo en el trabajo, ellas con mayor tiempo libre y notando el paso del tiempo en su cuerpo, pero que aún está lozano. Aquí es donde quieren recuperar la misma atención de los hombres cuando ellas tenían 20.

No justifico a las mujeres que engañan a sus maridos, solo quiero decir que en cada caso individual se puede entender a una mujer. Quizás ella no pueda ser perdonada, y ustedes, respetados hombres, no están obligados a hacer esto. Pero se puede entender a una mujer. Entonces, no solo el deseo de divertirse, sino también el miedo empuja a una mujer a hacer trampa. Ponte en su lugar y piensa en lo difícil que es a veces darse cuenta de que hoy tienes atención, y mañana puede que no la tengas, incluso de tu propio esposo, que puede estar interesado en chicas más jóvenes. Una mujer puede entender esto, o puede sentirlo instintivamente, por lo que a menudo se enfrenta a una elección: aprovechar la oportunidad de experimentar nuevos sentimientos vívidos o extrañarlos, sin dejar de ser fiel a su hombre. Y sabes, no siempre es fácil para una mujer hacer esta elección, no importa cuán maravillosa persona sea su hombre.

El miedo subconsciente de que en el futuro pocas personas te necesitarán, aunque esto, por supuesto, no es un hecho, empuja a una mujer a acciones insanas e ilógicas desde el punto de vista de los hombres. Pero hay lógica en ellos: solo necesita comprender lo que siente una mujer cuando comienza una relación al margen. Y para comprender los sentimientos de una mujer, sin ser mujer, es necesario llevar a una mujer a una conversación sincera, luego ella misma te contará todo sobre sus sentimientos. Y como lo he logrado repetidamente, les cuento lo que a veces las mujeres mismas no pueden decir, porque no son plenamente conscientes de los patrones de su comportamiento y la naturaleza de sus deseos y sentimientos.

Creo que comprender que una mujer no siempre comete adulterio conscientemente, teniendo en cuenta y evaluando todas las consecuencias de su acto, le ayudará, si no a perdonar, al menos a entender a su mujer, viendo en su traición, ante todo, debilidad.

¿Es entonces posible culpar a un hombre, a una mujer por su debilidad? Es difícil para mí responder a esta pregunta. Después de todo, hay muchas personas débiles y todos tienen sus propias debilidades. Podemos culpar a las personas por la codicia, la cobardía, la pereza, la envidia y otras cualidades negativas que son su debilidad, pero esto no les impide ser parte de su naturaleza. Y repito, todos somos débiles de alguna manera. Entonces, ¿cómo podemos culpar a otras personas por su debilidad si nosotros mismos no somos perfectos? Puede que nos decepcione que un hombre no cumpla con nuestros requisitos y no justifique nuestras esperanzas, pero él es lo que es, una mujer es lo que es. Si entiendes que la debilidad es característica de muchas personas, incluyéndote a ti, y no vas a pasar tu vida buscando exactamente el que te conviene en todo, creo que puedes aceptar la imperfección de este mundo, frente a una mujer que es imperfecta en su comportamiento. Pero todo depende de cómo te sientas contigo mismo. Si el adulterio femenino golpea fuertemente tu orgullo, si crees que ninguna mujer tiene derecho a incluirte entre los cornudos, entonces solo tienes una salida: dejar a esta mujer.

Y si quieres quedarte con una mujer que te ha engañado, una esposa, si la amas y ella te quiere, entonces acéptala por lo que es. Si te ama, no te traicionará más, y si no te ama, entonces piensa ¿por qué la amas? Tal vez no la amas, pero solo tienes miedo de perderla, no imaginas la vida sin ella. En este caso, necesitas la ayuda de un psicólogo, ya que, si eres emocionalmente dependiente de una persona que te causa sufrimiento, necesitas deshacerte de esta adicción. Simplemente no pongas a tu mujer en una "jaula de oro" y la limites de todas las formas posibles, temiendo que te vuelva a engañar. Piensa por ti mismo, ¿mejorará esto tu vida y te hará más feliz? Difícilmente. Puedes tomar posesión del cuerpo de una mujer, pero no puedes tomar posesión de su alma y corazón sin su deseo. Por lo tanto, no se puede hablar de ningún amor, si un hombre controla constantemente a su mujer y le prohíbe todo. El amor nace sólo en la libertad, y el miedo y el odio nacen en el cautiverio. Por lo tanto, es mejor darle libertad a una mujer y dejarla vivir como ella quiera, decidiendo por sí misma qué le conviene con su comportamiento y qué no. Hay mucha gente, muchas mujeres, podemos elegir con quién vivir. Estoy seguro de que podrás evaluar todos los pros y los contras de tu mujer y tomar una decisión aceptable para ti: perdonarla por su traición o no. Lo principal que debes entender es que cualquier elección que hagas, será la correcta. No debes mirar a otras personas y sus acciones en situaciones similares: tienen sus propios valores, sus propias reglas, su propia visión de la vida y su actitud hacia las mujeres, por lo que sus decisiones no deben afectar las tuyas. Piensa por ti mismo lo que es mejor para ti.

Como escribí anteriormente, le sugiero que vea la traición de una mujer, no como un problema, una tragedia, una mala acción, una traición, sino como una necesidad y una oportunidad para cambiar su vida. Nada en la vida sucede por casualidad, y si algo nos produce una gran incomodidad, entonces esto es una señal para nosotros. Esta es una señal para reflexionar sobre su vida y comenzar a cambiar la vida misma o su actitud hacia ella. Si una mujer le engañó, no solo le engañó a usted, sino también a ella misma. Ella mató tu confianza en ella y así te liberó a ti y a tu vida de obligaciones innecesarias. Te has convertido en una persona más libre, gracias a su acto.

En este sentido, no recomiendo que se limite a algo: viva la vida al máximo y aproveche todas las oportunidades que se le presenten para hacer su vida más interesante y agradable, independientemente de su configuración interna. Y si tiene una nueva relación, no se rinda, mire la vida de manera más amplia y tome todo lo que necesita de ella. Hay muchas mujeres, y la naturaleza de un hombre, como recordarás, lo alienta a prestar su atención a tantas como sea posible. Por lo tanto, si su mujer, esposa, no apreció su devoción por ella, entonces ella no la necesita.

Mire la vida de manera más amplia: este es mi consejo más importante para usted, nunca juzgue algo, como malo o bueno, pero siempre trate de ver lo bueno en lo malo y lo malo en lo bueno. En este caso, debe pensar en lo que puede obtener si una mujer lo engaña. Quizás empieces a prestarle más atención y empieces a apreciarla más, entonces ella te querrá más y nunca más te engañará. Y tal vez pienses en encontrar un reemplazo para tu mujer. Las situaciones, como las personas, pueden ser diferentes.

También puedes cambiar tu vida cambiando tu actitud hacia ella. Para hacer esto, amplíe su círculo de amigos, haga nuevos conocidos, comience a prestar más atención a otras mujeres y tome más de la vida, salvándose de obligaciones innecesarias. De esta manera, pase de ser una víctima de la traición a un ganador, a un verdadero hombre que puede cambiar fácilmente a las mujeres si no le convienen de alguna manera. Esto se puede aprender si es necesario.

Desde mi punto de vista, si una mujer engaña a un hombre, entonces con su acto le dice: te libero de la obligación de serme fiel, porque yo mismo no puedo ser así. Aproveche esta oportunidad, si, por supuesto, esa vida le conviene, y entonces se sentirá mucho más feliz. Pero si ve que la traición de su mujer, esposa, es solo un error del que ella se arrepiente mucho, piense en perdonarla. Después de todo, quién sabe, tal vez algún día no puedas evitar algún acto temerario, siguiendo el ejemplo de tus instintos, y entonces también te arrepentirás de lo que has hecho, contando con el perdón. Y si quieres ser perdonado, aprenda a perdonar. Y la traición, a pesar de todo su dolor, puede ser perdonada. Sabes, a veces esta experiencia solo fortalece a la familia.

¿Cuál es la diferencia entre la actitud ante el adulterio en hombres y mujeres?

La actitud de los hombres ante el hecho de la infidelidad suele ser conservadora. Para ellos, la infidelidad es simplemente un contacto sexual de su mujer con otro que no sea él. También lo consideran cuando ella publica su perfil en un sitio de citas. Pocos hombres son capaces de perdonar el adulterio femenino.

Algunos hombres pueden llamar infiel a una mujer solo porque durante el sexo ella, en un descuido, lo cita a usted con otro nombre.

Por su parte, las mujeres en el concepto de "adulterio masculino" invierten diferentes significados:

Comunicación constante y coqueteo con otra chica en las redes sociales o por teléfono. Coqueteo en el trabajo. Un viaje conjunto al cine, restaurante, teatro con otra mujer. Besarse con otra mujer. Sexo virtual.

A pesar de la extensa lista, las mujeres no toman en serio todos los elementos. Muchas personas del bello sexo están listas para perdonar a un ser querido si la traición ocurrió mientras estaba borracho o si el sexo fue con una chica de virtud fácil. A menudo, las mujeres conocen las aventuras de su esposo, por un lado, pero prefieren no darse cuenta, creen que el silencio ayuda a mantener las relaciones.

Hacer trampa en el amor es obtener placer sin ti. Porque en el dolor y en la alegría debemos estar juntos. Este es un crimen premeditado y deliberado.

Cualquier persona normal entiende lo que es tener capacidad, la capacidad de traicionar la tiene todo el mundo. Y ninguno de los dos sexos tiene mayor derecho a engañar. Más precisamente, ninguno de los sexos lo tiene. ¿Pasa algo en la familia? ¿No eres feliz? ¿Aburrido del sexo? ¡Eres un hombre! ¡Los hombres resuelven sus problemas, no huyen de ellos! Los que se escapan a lamer a otros labios ardientes son debiluchos. Tales hombres son débiles en la vida. Esto significa que el trabajo no salió como queríamos, la vida misma no salió como queríamos. ¿Y qué tipo de esfuerzo pusiste en ello? Regálale flores a tu mujer, cuídala como la primera vez que la conociste. ¡Ilumina a tu esposa o novia de una nueva manera! ¡Entiende sus deseos y ella te dará aún más!

Una mujer cariñosa le da a su hombre mucho más que cualquier otra nueva en la cama. Una mujer quiere ver a un hombre a su lado. Un hombre que no puede ser fuerte e independiente, responsable, solo es necesario para varios tipos de mujeres manipuladoras. Esta es una víctima muy conveniente que nunca irá a ninguna parte, sobre la cual será posible reírse impunemente hasta que se rompa por completo. Una mujer con una psique normal quiere ver a un hombre a su lado, y no a una víctima, no a un "niño eterno", no a una criatura asustada incapaz de valerse por sí misma. ¿Pasa algo en la familia? ¿No estás satisfecha? ¿Aburrida del sexo? ¡Tú eres una mujer! ¡Guardián de todo lo más preciado! No llores por el resultado si no has puesto un mínimo esfuerzo para ser una mujer atractiva en todos los sentidos. ¿Qué voluntad de mejorar pusiste en ti? Ve al gimnasio, compra hermosos vestidos, ropa interior. ¡Ilumínate para tu hombre de una nueva manera! ¡Despierta su interés por ti! Hazle conocer tu

nuevo tú, ¡y te dará aún más! Un hombre cariñoso te
dará mucho más que cualquier otro nuevo en la cama.
Un hombre quiere ver a una mujer a su lado, madura
y confiada. Una mujer que no puede ser fuerte e
independiente solo es necesaria para varios tipos de
pervertidos. Esta es una víctima muy conveniente que
nunca irá a ninguna parte, de la que se puede burlar
con impunidad hasta que se rompa por completo. Un
hombre con una psique normal quiere ver a una mujer
a su lado, y no a una víctima, no a una "niña eterna" y
no a una criatura asustada incapaz de valerse por sí
misma.

La mayoría de las veces, los traidores argumentan
defendiendo su traición diciendo que todos somos
animales. Los animales son polígamos por naturaleza.
Sin embargo, los animales, a diferencia de las
personas, no tienen esa propiedad del cerebro que le
permita sentir y evaluar lo que está sucediendo,
creando una imagen interna de los eventos y sus
consecuencias. Sus impulsos no están bajo su control,
se rigen por el instinto.

¿Cómo se lleva a cabo el proceso del engaño? No se
puede simplemente ir y acostarse con la primera
persona que se cruza. La excitación comienza con un
deseo emocional de intimidad sexual y atracción por
un otro. El cuerpo responde gradualmente al deseo que
ha surgido. Los órganos genitales, tanto de hombres
como de mujeres, están llenos de sangre. Por alguna
razón, a todos les parece que es como un destello, y ya
se está ardiendo en ganas. Todas las traiciones están
cuidadosamente pensadas, tanto para hombres como
para mujeres. El compañero ya se tiene en cuenta
antes de la traición. Normalmente, la excitación

(atracción) aumenta a medida que crece la simpatía, e incluso acostarse con la persona más bonita lleva algo de tiempo.

Es importante entender que todas las personas siempre tienen una opción. Sí, la gente es polígama. En general, todas las personas, no solo hombres o mujeres. Pero la gente también es inteligente. Podemos controlar nuestros instintos. Si alguien te asegura que no puede, o que "está bien, soy un hombre / mujer", esto significa que, de hecho, simplemente no te ama. Porque solo una cosa nos protege de la traición: el miedo. Tenemos miedo de lastimar a quien amamos, y que nos abandone. Por eso, ese temor no surge con aquellos que no amamos. No nos importan sus sentimientos en absoluto.

Capítulo 6
El deseo sexual
en la pareja

¿Por qué a los hombres les encanta el sexo?

"Donde no hay intimidad espiritual, no puede haber sexo ideal" Ricardo Bach.

Algunas mujeres están seriamente convencidas de que los hombres solo están interesados en el sexo y no necesitan nada más de las mujeres. Y entonces se preguntan: ¿por qué a los hombres les encanta el sexo? ¿Y solo aman el sexo, o hay algo más que les atrae en las mujeres? Bueno, en primer lugar, queridas mujeres, los hombres aman no solo el sexo, a menudo necesitan muchas otras cosas de las mujeres, y que, por cierto, no todas las mujeres pueden darle a un hombre. En segundo lugar, las mujeres también aman el sexo, aunque no siempre tanto como los hombres, pero, sin embargo, lo necesitan, lo cual es natural. Es más, hay mujeres que simplemente están obsesionadas con el sexo, son capaces de sacarle todo el jugo a un hombre, satisfaciendo su necesidad sexual. Así que las mujeres también están interesadas en el sexo. Y, en tercer lugar, ¿por qué no amarlo? El sexo es un placer que puedes conseguir sin consecuencias negativas para ti si lo haces con tu ser querido. El buen sexo es bueno para la salud.

Lo primero que hay que decir es que el sexo es placer. Y el sexo con la mujer que amas es un gran placer incomparable. Tú y yo también sabemos [debemos saber] que todas las personas buscan el placer y evitan el dolor, por eso aman, incluido el sexo, y no les gusta, digamos, trabajar duro. El sexo es atractivo en sí mismo, como una forma de placer. Y es atractivo, como dije, no solo para los hombres, sino también para las mujeres. Aunque está claro que hay muchos placeres en la vida, incluidos los no físicos. Pero el sexo es uno de los tipos de placer más básicos y accesibles para la mayoría de las personas. Por eso lo aman.

Ahora pensemos por qué el sexo es un placer. O más bien, por qué la naturaleza lo hizo, para que podamos disfrutar del sexo. Bueno, después de todo, necesitamos multiplicarnos, correcto, para continuar con nuestra especie. Por lo tanto, un hombre debe sentirse atraído por una mujer y una mujer por un hombre. Y no solo para charlar sobre el clima, sino para algo más: para el sexo. En otras palabras, las personas de diferentes sexos deben sentirse sexualmente atraídas entre sí para aparearse y reproducirse. Después de todo, es a través de las relaciones sexuales que se obtienen los hijos. Esto significa que una persona debe amar el proceso de reproducción, y para amarlo, debe disfrutarlo. Por eso disfrutamos del sexo. Entonces, para una persona, el sexo puede ser solo un placer, pero para la naturaleza es una forma de multiplicarnos. Como puede ver, todo es simple y natural.

Solo los hombres, como fertilizantes, se preocupan más por este proceso en sí, es decir, tener relaciones sexuales, y las mujeres, como madres en mayor medida, también piensan en el cuidado de su descendencia, por lo que necesitan de los hombres no solo para el sexo, sino también para relaciones sociales. Necesitan un hombre, que las cuide a ellas y a sus hijos, que mantenga a su familia y la proteja de diversas amenazas. Los hombres, en virtud de su naturaleza, se esfuerzan por fertilizar tantas hembras como sea posible para que su descendencia sea más numerosa. Esto hace que sea más probable que sobreviva la especie humana. Más bien, los hombres solo pueden pensar en el placer que obtienen del sexo con diferentes mujeres, pero mientras tanto, la naturaleza está haciendo su trabajo. Simplemente hemos aprendido a engañar a la naturaleza usando anticonceptivos para divertirnos y no tener hijos. Pero al mismo tiempo, la atracción sexual en sí es muy difícil de engañar para nosotros. Sí, y no es necesario que hagas esto, solo debes tomarte el sexo y sus consecuencias más en serio.

También es importante entender que el sexo es una necesidad. Esto no es un juego, ni un invento de una persona, ni uno de sus deseos inventados, sino una necesidad natural que debe ser satisfecha para sentirse cómodo, tanto desde el punto de vista psicológico como físico. Nos guste o no, necesitamos satisfacer nuestras necesidades, la naturaleza nos llama a eso. Por lo tanto, independientemente de nuestra actitud hacia el sexo, querremos hacerlo. Después de todo, debemos lidiar con eso, porque debemos multiplicarnos, debemos continuar nuestra raza, como todos los demás seres vivos en este planeta. Por lo tanto, la necesidad de sexo es una necesidad muy fuerte. No tan fuerte, tal vez, como la necesidad de auto conservación, pero, aun así, muy fuerte. Con razón Freud llamó al instinto sexual el instinto básico, porque vio el poderoso efecto que tiene en una persona. Entonces, desde el punto de vista de la fisiología, aquí todo es simple y claro: nuestra libido [atracción sexual por una persona del sexo opuesto] está respaldada por hormonas, hacen que una persona quiera ser sexualmente activa. Y este deseo a veces es muy fuerte si una persona no ha tenido relaciones sexuales durante mucho tiempo. Algunas personas están dispuestas a hacer cualquier cosa por sexo, incluida la violencia. Entonces, los hombres no solo aman el sexo, sino que lo necesitan. Deben satisfacer esta necesidad suya, como, de hecho, lo hacen las mujeres, así como satisfacen sus necesidades de comida, bebida, sueño, etc. Bueno, así como a algunas personas les gusta comer y dormir y les gustan muchas otras cosas que están relacionadas con sus necesidades básicas, también a algunos hombres, como a algunas mujeres, les gusta mucho el sexo, quizás un poco más fuerte de lo necesario. No hay nada tan terrible en esto. Simplemente, repito: debes tener relaciones sexuales con prudencia, es decir, pensando en las consecuencias. Entonces no habrá problemas con él, o, mejor dicho, con el amor por él.

Lo siguiente importante que debes saber es que el sexo no es solo placer físico, sino también emocional, e incluso espiritual, cuando se trata de sexo entre personas que se aman. Usualmente llamamos a esta práctica sexual -hacer el amor-. Las personas se sienten atraídas entre sí no solo a nivel físico, sino también a nivel emocional y espiritual. Es cierto que la mayoría de las veces, las personas sienten sobre todo atracción física por alguien del sexo opuesto como la atracción más obvia, pero, sin embargo, muchos de nosotros hablamos de nuestro amor por otra persona porque experimentamos este sentimiento, y no solo de querer. tener sexo con ella. E incluso los hombres, a pesar de su poligamia, todavía prefieren tener relaciones sexuales no solo con una mujer sexualmente atractiva, sino con una mujer con la que tienen intimidad espiritual. Tal vez no todos lo quieran, pero muchos sí. O, mejor dicho, los hombres pueden tener sexo con diferentes mujeres, pero hacen el amor sólo con la mujer que aman, por la que experimentan atracción no sólo sexual, sino emocional y espiritual. Entonces, no solo los instintos animales guían a las personas, sino también sentimientos más elevados.

Los hombres también aman el sexo porque por naturaleza son cazadores y conquistadores que luchan constantemente por nuevas victorias y nuevas conquistas, y por lo tanto por nuevas sensaciones y emociones. Y para tener sexo con una mujer, especialmente con una mujer muy hermosa, primero hay que conquistarla y seducirla. Este es un tipo de caza o incluso un juego en el que una mujer es una presa, una recompensa. O más bien, el sexo con una mujer es una victoria, una recompensa, un logro. Y habiendo conquistado a una mujer, un hombre dirige su atención a otras mujeres a las que aún no ha logrado conquistar.

A muchos hombres les gusta este tipo de caza, para ellos es una actividad interesante, adictiva. Algunos hombres se dedican por completo a este juego emocional. Normalmente, cuantas más mujeres tiene un hombre, más seguro se siente. Además, un hombre muestra una actividad sexual bastante alta y prolongada en relación con cada nueva mujer (Efecto Coolidge) precisamente debido a que no solo desde un punto de vista psicológico, sino también biológico.

En parte, el sexo es también una forma de socialización. Después de todo, si un hombre tiene mucho éxito con el sexo opuesto, si muchas mujeres muestran interés en él, y él tiene relaciones sexuales con muchas de ellas, al menos presumiblemente, entonces este éxito despierta admiración y envidia entre otros hombres. -comienzan a tratar a ese macho alfa con más respeto-. Así es como la gente envidia al que tiene mucho dinero y poder, así es como muchos hombres envidian al que tiene muchas mujeres que le prestan atención. Y esta envidia les obliga a respetar a un hombre fuerte y seguro de sí mismo que se demuestra a sí mismo y a los demás que es un hombre de verdad, un macho de verdad. A veces, sin embargo, tal envidia provoca un sentimiento de ira y odio por tal hombre, e incluso a algunos intentos por parte de otros hombres para hacerle daño.

Pero no hay nada de qué sorprenderse y tampoco hay nada que temer: la gente tiende a odiar a aquellos a quienes envidia, y la mayoría siempre envidia a alguien. Tal es nuestra naturaleza. Es el destino de todo héroe, se amado y odiado por las mismas razones. Tienes que ser capaz de vivir con esto. Creo que la envidia es un buen incentivo para luchar por más y lograr el éxito en la vida. La verdad en este asunto del sexo, es mejor no desviarse de los valores de su propia vida. Por ejemplo, ser devoto de la mujer que amas y de tu familia no es menos importante que coleccionar mujeres, y desde mi punto de vista, mucho más importante. Pero cada hombre tiene sus propios valores, su propia visión de la vida, así que no cultivaré mi punto de vista.

Además, el sexo, o más bien el orgasmo, como todos los demás tipos de placer, es en cierto modo una droga, por lo que provoca cierta dependencia. Quieres hacerlo una y otra vez, y con el tiempo incluso quieres añadir algo de variedad a tu vida sexual, quieres sensaciones nuevas e inusuales. La gente rápidamente se vuelve adicta a todo lo que es bueno y muy placentero. Por lo tanto, si una persona está acostumbrada a disfrutar del sexo, se esforzará constantemente por lograrlo. A muchos hombres les gusta tener sexo con una mujer sin ninguna obligación, por así decirlo, y también les gusta experimentar en el sexo. Es comprensible, cuando no necesita asumir ninguna responsabilidad por nada ni por nadie, y puede obtener placer constantemente y en grandes cantidades, entonces comienza a gustarle esa vida. Pero no a todos los hombres les gusta y, por lo tanto, muchos de ellos todavía prefieren formar una familia, tener hijos e incluso permanecer fieles a sus esposas. Para esto, un hombre y una mujer deben amarse, y no solo quererse.

En general, el problema con la pasión de un hombre por el sexo comienza cuando a él solo le interesa el sexo y nada más. Esto sucede por varias razones. Cuanto más primitivo es un hombre, menos interesado está en la vida, incluso en una mujer. Digamos, para evaluar el intelecto de una mujer, un hombre mismo debe ser una persona intelectualmente desarrollado. De la misma manera, para estar interesado en el alma de una mujer, un hombre debe adherirse a ciertos valores superiores, que superen aquellos en los que solo busca satisfacer sus necesidades animales básicas. Si, aparte del vino, el sexo, los cigarrillos y las apuestas, a un hombre no le interesa nada más en la vida, no esperes que comprenda tu mundo interior.

Las mujeres también tienen problemas con los hombres, o, mejor dicho, con la forma en que algunos de ellos buscan sexo: con diferentes mujeres, y no exclusivamente con su mujer; o bien, si lo busca con ella de manera pervertida, lo que es inaceptable para una mujer. Estos problemas pueden solucionarse si el propio hombre los reconoce y quiere cambiar su actitud hacia el sexo. Aquí, como con cualquier otro tipo de placer, como con cualquier otro hábito y adicción, es necesario luchar.

El sexo en sí no tiene nada de malo y nunca lo ha habido, por lo que se lo puede amar y ser neutral al respecto, como una necesidad muy común, como, por ejemplo, una necesidad de comida que solo necesita ser satisfecha. Es malo cuando el amor por el sexo toma tales formas en las que este amor causa problemas. Pero, de igual forma, todos los problemas se resuelven con el debido trabajo y esfuerzo.

Capítulo 7
Modos de abordajes
para el adulterio

Consejos sobre cómo amar y comprender al otro.

Cómo sobrevivir al día siguiente, después de que uno de los cónyuges se enterara de la infidelidad del otro. Solo aquellas parejas que han experimentado sentimientos cálidos y sinceros el uno por el otro durante muchos años pueden continuar el camino juntos, especialmente si alguna vez experimentaron y no olvidaron la verdadera reunión de las almas. Otras parejas, por el contrario, encuentran muy difícil olvidar o perdonarse. Solo si se ama hay esperanza de que se pueda hacer frente al caos que se ha creado: meses de convivencia con los fantasmas de la duda y el miedo rondando en la casa.

Cómo salvar una familia y relaciones después de una infidelidad

Ninguna traición es igual a otra, y cada pareja la enfrenta de manera diferente. Hay una salida, pero es extremadamente importante que ambos socios estén dispuestos a encontrarla. Siempre hay razones para permanecer juntos, así como argumentos para cortar lazos en tiempos de crisis.

Tarde o temprano se tendrá que tomar una decisión. Pero también está claro que en las primeras semanas o meses el ambiente en el que se encuentran ambos

socios no es el más propicio para tomar una decisión
final. Especialmente para aquellas parejas que alguna
vez fueron felices, amigas y fuertes...

La única manera de hacer esto es ayudarse unos a
otros a sentirse como un miembro de pleno derecho de
la familia, curar heridas, revivir esos sentimientos que
alguna vez estuvieron paralizados...

Eso sí, en el momento de la crisis, surge una duda: ¿es
factible tal tarea? En la mayoría de los casos, los
desacuerdos en las parejas se complican a medida que
avanza el diálogo-discusión.

El hecho es que casi siempre ambos socios consideran
la situación sin la debida adecuación, especialmente
cuando el tema del desacuerdo afecta el estado en la
familia, cuando hay un intento de ganar una posición
más alta. Esto aumenta el sufrimiento o simplemente
conduce a la ruptura total de la relación. Cuando
tratamos de cambiar la situación, el estatus en la
familia, los rasgos menos decisivos o insuficientemente
desarrollados de nuestro carácter, nuestros lados más
dolorosos e indefensos, siempre salen a la superficie.

Para evitar tal desarrollo de eventos, uno debe recurrir
a la ayuda de sentimientos brillantes que precedieron
a la formación de una pareja.

El que fue infiel, en el mejor de los casos, debe
demostrar la obviedad de sus obligaciones y el deseo
de desarrollarse dentro de la pareja, no aceptando el
papel de persona que siempre estará bajo sospecha.

Aquellos que han experimentado una infidelidad deben hacer todo lo posible para aceptar lo sucedido y resistir la tentación de reprender o castigar a su pareja por su infidelidad.

Se necesita trabajar en uno mismo y tratar de revivir de nuevo la confianza en la pareja, sin miedo a que todo pueda volver a pasar. Al mismo tiempo, hay que recordar que la decisión de permanecer juntos y tratar de empezar de nuevo no debe tomarse como una falta de respeto por uno mismo.

Además, pase lo que pase, no se debe olvidar que ninguna receta puede sustituir las ganas de volver a estar juntos. Este es un elemento clave que potencialmente permite salvar la relación después de la infidelidad. Cuando existe el deseo de estar juntos, el corazón de ambos se rebela ante una posible ruptura definitiva de las relaciones.

Por supuesto, esta es una condición necesaria, pero en ningún caso se debe pensar que es suficiente. Incluso si una persona siente la necesidad de mantener una relación, no siempre es capaz de comprender los movimientos del corazón de la pareja, especialmente si la mente está nublada por la tristeza, el resentimiento o el miedo a la desesperanza.

¿Qué se puede hacer?

Después de la traición, cuando la tormenta amainó y la paz reemplazó la confusión en el alma, ambos socios esperan ciertas acciones el uno del otro. Especialmente el que está convencido de la existencia del motivo principal: la pareja todavía le importa.

En tal situación, uno de los socios puede decidir tratar al otro como la persona más importante en su destino, pero espera que el otro de el primer paso. Pero en lugar de esperar, debería haberse preguntado: "¿Qué puedo hacer además de esperar a que mi pareja dé el primer paso?"

Debe preguntarse: "¿Qué puedo hacer para que mi elegido entienda cuánto significa para mí?" Esta es la pregunta más importante.

La frase "No significas nada para mí", dicha con palabras o con actos, puede hacer surgir el espíritu del futuro traidor, que busca en otros brazos lo que su pareja le niega; y por sobre "Ser significativo para un otro".

Pero incluso, quien tuvo que pasar por la traición de su pareja también tiene un pensamiento similar: "Yo no significo nada para él (ella), igual que nuestra relación, ya que él (ella) decidió salir con otra persona."

Y el traidor necesita hacer un gran esfuerzo para corregir esta impresión.

Es difícil para muchas parejas ser sinceros el uno con el otro, es difícil reabrir sus corazones el uno al otro y confirmar el deseo de mantener la unión con acciones. Pequeños o grandes, pero necesariamente deben ocurrir cambios en el comportamiento de los socios para que uno comience nuevamente a confiar en el otro y el otro se sienta considerado. Este camino lleva de lo pequeño a lo grande, y las acciones diarias más insignificantes en total crean condiciones favorables para que la conexión entre los socios se fortalezca nuevamente.

Recetas para revertir la traición

• **Sinceridad**

En las parejas, especialmente en aquellas que llevan mucho tiempo juntas, durante el período en que se dedicaron durante años al cuidado y crianza de los hijos, a la creación de estabilidad económica familiar o a la carrera, suele ocurrir que los miembros de la pareja se olvidan el uno del otro.

Por ejemplo, olvidan que los gestos de cariño diarios pero necesarios pierden poco a poco su sinceridad o la fuerza. Pero solo pueden ser útiles cuando son sinceros, y sólo pueden serlo cuando reflejan lo que el corazón quiere decir. Por lo tanto, para empezar, sería bueno encontrar nuevas formas de expresar sus tiernos sentimientos mutuos: ambos socios los han necesitado durante mucho tiempo. Esta etapa en el camino de la restauración de la comunicación es inevitable.

• **Lista de deseos de socios**

Además, para no volver al tema de las trampas, se le puede entregar a la pareja una pequeña lista de lo que le gusta, lo que necesita y lo que es importante para usted.

No en el sentido de una lista de requisitos. Estos son más bien recordatorios, motivos necesarios para que la pareja comprenda lo que necesita hacer por el otro, lo que le agrada y lo que más aprecia exactamente...

Por ejemplo, imagine lo que se suponía que un cónyuge debía saber y hacer por mí:

> • Necesito que no estés todo el tiempo ocupado con el trabajo, aunque tengamos que negarnos algo, porque, de todos modos, te extrañaré en el camino.

> • Necesito que me llames de vez en cuando, simplemente así, no solo porque necesites pedirme algo.

> • Necesito poder llamarte cuando surja la necesidad sin sentir que te estoy alejando de algo importante.

> • Necesito que me hagas saber que todavía te gusto y me deseas antes de irnos a la cama.

> • Necesito que entiendas que a veces necesito estar solo.

> • Necesito saber que, piensas de mí, aun cuando no estemos juntos y sobre todo en esos momentos...

¿Perdonar o irse? consejos importantes para una esposa

Sospechó de la infidelidad de su marido. Intentó diferentes formas de averiguar la verdad. Y todo fue confirmado. ¿Entonces lo que hay que hacer? ¿Cómo ser ahora?

¿Recuerda la canción? "Me quité la chaqueta tirada con decisión, tuve la fuerza suficiente para parecer orgulloso, le dije: Todo lo mejor "..."

Primero, no se apresure a quitarse la chaqueta con decisión. Cálmese y piense. Resultó que vivía con un traidor. ¡Pero vivió! Incluso bastante tiempo. Segundo, admitámonos que pudiera haber seguido por mucho tiempo más si no se enteraba. ¿Están todos vivos? ¡Viva! ¡Incluso saludables! ¡Aprendamos a recibir un golpe!

No se atreva a moler en su pobre cabeza las palabras de la carta encontrada de tu marido dirigida a otra: "Te amo, eres única. Mi mujer es mi cruz, ella envenena mi vida, solo contigo soy feliz..."

Tercero, hay cosas que no puedes permitirte si quieres una vida pacífica con tu esposo: vigilancia y verificación total, así como indagar constantemente sobre su amante y compararte con ella. Es completamente sin sentido, es finalmente humillante e insoportable.

Si deseas divorciarte y te das cuenta de que no puedes soportar la verdad revelada, recuerda una cosa: después del divorcio, no será más fácil. En cualquier caso, el dolor se borrará con el tiempo, pero esto no sucederá pronto. ¿Por qué todo tiene que resolverse a través del divorcio? ¿Quién se beneficiaría con la separación? ¡Al amante!, definitivamente. Tú decides.

Cuarto, puedes exigir que tu esposo termine toda relación con su amante. Si él va a por todas y trata de establecer un ambiente familiar, trata de no envenenar su vida con reproches y escándalos. Después de todo, él te eligió a ti. ¿Qué más necesitas?

Quinto, reconsidera tu actitud hacia la intimidad conyugal. Diversifica tu vida sexual, en ningún caso te alejes del sexo.

Sexto, distribuye las responsabilidades en la casa, deja que tu esposo active su participación en los asuntos familiares.

Séptimo, discutir claramente el tema de la distribución de los fondos familiares.

Octavo, si el esposo se niega a romper con su amante, tiene sentido decidir sobre una advertencia de ruptura. Solo en serio, no chantajeando, no jugando. Si el esposo comprende la seriedad de su decisión, si su familia todavía es querida para él, puede terminar la relación extramatrimonial.

Mucho depende de ti. La decisión es tuya. Lo principal es tomar una decisión con la cabeza fría. No dejes que tus sentimientos confusos te empujen a una acción imprudente.

Consejos que pueden ayudar

Hay algunas verdades elementales que los participantes involuntarios (o potenciales) en un triángulo amoroso simplemente están obligados a aprender. Debe conocerlas, así como las reglas de tránsito, por el bien de mantener la salud física y mental, la capacidad para trabajar y el respeto propio.

* **Tu idea de marido no es un marido en absoluto.**
Si ha comenzado a percibir a su esposo como un objeto más del interior del hogar, debe saber: es muy posible que él encuentre lugares donde desempeñar otros roles con placer y se lo considero de mejor manera.

* **Cuando te casas, no adquieres un marido para toda la vida.**
La vida de cada persona, incluido la de su cónyuge legal, le pertenece principalmente a él. Todo el mundo tiene derecho a cometer un error. Y darse cuenta de este error también. Depende de usted qué es exactamente lo que su esposo considerará un error: una relación matrimonial con usted o la historia de amor paralela.

Si descubre que su esposo la está engañando, trate de mantener su cordura. Determine por usted misma lo que quiere en esta situación. Las opciones suelen ser:

* Quiero romper relaciones de inmediato y separarme para siempre, olvidándolo como un mal sueño;

• Quiero seguir juntos, perdonar todo y que todo vuelva a ser como antes;

• No quiero separarme y no puedo, pero sueño con vengarme de él por el dolor que me causó;

• Necesito revisar el pasado, comprender cuáles fueron mis propios errores y no dejar que la situación me destruya.

No hay mejor opción, hay una opción que se adapta mejor a ti. Elegir. Pero con la cabeza clara, de acuerdo con el objetivo por el que se esfuerza, para que no se arrepienta después.

Solo tenga en cuenta la ley de vida: nada nos destruye como la sed de venganza, por lo que esas opciones pueden ser peligrosas para su bienestar físico y mental. La venganza contra los culpables (si son culpables) se llevará a cabo, créanme, sin su participación. Porque el mal volverá a sus creadores. Pero no cuando se le antoje, sino mucho más tarde. Necesita relajarse, pensar en usted y en los suyos, en las tareas y en sus soluciones.

• **Mantener la dignidad**

Habiendo aprendido sobre la traición, en ningún caso intente comunicarse con la amante, exponerla, recopilar hechos que la desacrediten en todas partes. No por el bien de su esposo o las opiniones de extraños sobre usted. Por su propio bien. Para luego respetarte a sí misma por la fuerza mental y la firmeza de carácter.

Si te ha sido posible permanecer casada con un esposo infiel, y piensas seguir con él, perdónalo total e irrevocablemente. No recurras al sarcasmo, no lo hostigues con reproches, no le recuerdes el pasado. De lo contrario, hará que su esposo se arrepienta mucho de haberse quedado.

Debemos ser capaces de mostrar nobleza. Esta es una hazaña. Pero si has decidido conscientemente salvar a tu familia, trabaja por el bien de su restauración. (Restaurar, notamos, siempre es más difícil que destruir).

No intentes encontrar un reemplazo sentimental de inmediato para pagarle con la misma moneda. Cualquiera de nosotras puede, si es necesario, encontrar un compañero al azar. Solo que él no será un consuelo. Si nos empujaron a un charco sucio, debemos salir rápidamente de él, lavar la suciedad y olvidar. Pero entrar en relaciones casuales equivale a que saltarás de un lodo, donde no querías, a otro lodo, asegurándote que te estás vengando en el primer charco.

Concéntrese en tu salud. Las mujeres que han experimentado profundamente el dolor de la traición, a menudo enferman precisamente de enfermedades femeninas: así es como el cuerpo reacciona ante la humillación y el insulto. Te lo debes a ti misma para sobrevivir, para mantenerte saludable y atractiva. Haz todo lo posible para estar en público, distrae los pensamientos sombríos.

Decidan lo que decidan: estar juntos o irse, traten de seguir siendo amigos. Esta es la dirección más fructífera, sabia y verdadera del pensamiento y la acción. Incluso si al principio la amistad con un traidor es imposible de imaginar.

Los hombres necesitan entender:

Las mujeres por naturaleza están organizadas de manera completamente diferente a ellos. Para ellas, la intimidad física significa mucho más que ejercicios gimnásticos seguidos de relajación. En la mayoría de los casos, implican cuerdas espirituales. Tenga cuidado con las vibraciones de estas cuerdas en caso de detección de su comportamiento sin escrúpulos.

Si le dices a una mujer "te amo" solo para sentir todo el retorno emocional de su parte, está practicando un juego deshonesto, porque para ella estas palabras equivalen a una oferta para unir sus destinos para siempre.

No importa cuán inspirado esté por los logros en el frente sexual, no pierda la cabeza. Si en general está satisfecho con su matrimonio, vale la pena respetar los sentimientos de su esposa si ella descubre su infidelidad. Corre el riesgo de perder una compañera fiel y confiable.

Las aventuras paralelas a menudo liquidan los lazos matrimoniales.

Si ha optado por una aventura relámpago, no lleve su amante a su casa familiar, hay cosas que no se deben hacer bajo ningún concepto. Este es uno de ellos.

No involucre a su amante a sus asuntos familiares, los problemas de los niños y similares. Cuidado: le estás dando lo más valioso: información que puede usar para dañar a sus seres queridos.

Está profundamente equivocado si piensa que, habiendo comenzado una aventura por otro lado, finalmente ha encontrado un alma verdadera que comprende su pasión primordial por la libertad, la aventura y los deportes extremos. Le sorprendería mucho si escuchara las conversaciones sinceras de su amante "temeraria y amante de la libertad" con sus amigos. Créame, le sorprendería la estrategia y las tácticas de la batalla por su posesión como cónyuge legal, que suelen usar las amantes. Entienda: nosotras, las mujeres, contamos el tiempo en segundos. Simplemente no podemos darnos el lujo de ser tratadas "así como así". Así que entienda: ¡Su amante está luchando por usted!... para que se convierta en su peón, no en el rey.

Perdón por este punto tan íntimo de nuestro programa. Pero si ya ha ingresado al campo de los juegos sexuales, use un agente que proteja contra infecciones, y que no genere embarazos no deseados.

No le cuente a su amante sobre los defectos, los malentendidos y las inclinaciones viciosas de su esposa. Quieres derramar tu alma. Estás buscando simpatía. Anhelas ser amado. Tú, sin darte cuenta, te dejas llevar, exageras mucho. Por supuesto, serás amado y compadecido. Pero recuerda: una mujer que te ama puede no ser capaz de resistir el odio abrumador que sientes por tu cónyuge (es decir, la esposa de la que no tienes la intención de separarte).

La vida es un proceso sistémico. Como parte del sistema, nos influenciamos unos a otros. Las relaciones humanas forman circuitos de retroalimentación. Tarde o temprano, una persona experimenta los resultados de lo que le hizo a los demás. Por lo tanto, trate de no jugar demasiado, para no golpearse en el momento más inoportuno.

¿Qué hacer si tu novia te engaña?

"Habiendo dejado de amar, nos regocijamos cuando nos engañan, liberándonos así de la necesidad de ser fieles". François de La Rochefoucauld

¿Tu novia te engañó? ¡Lo siento! ¡Pero no trates de sufrir! ¡No te atrevas a hacerle un escándalo! ¡No te atrevas a derramar lágrimas y mocos y preguntarle por qué te hizo esto! ¡Recuerda que eres un hombre, eres un guerrero, eres un ganador, eres el sexo más fuerte, después de todo! ¡Así que tienes que ser fuerte! Ten orgullo, recuerda tu fuerza mental, tus cualidades.

En primer lugar, recordemos que la propensión al cambio es parte de la naturaleza femenina... y del macho, por cierto, también. También los hombres son unos sinvergüenzas, no todos, claro, pero sí muchos. Engañan y traicionan a las mujeres, les infringen un gran dolor y sufrimiento, y después de eso logran vivir de alguna manera, mirándose en el espejo. En ese sentido son peores que las mujeres. Los hombres suelen causar mucho más sufrimiento a las mujeres que a la inversa.

Pero, no todos son así. Ellas, por cierto, tampoco. Pero no se trata de eso ahora. Se trata de que en la naturaleza humana de ellos se ha asentado muy fuertemente la propensión a la traición, y solo su mente es capaz de frenarlo. Así que de eso se trata. Y al hecho de que, si una chica te engañó, eso no significa que seas diferente de alguna manera, que algo esté mal contigo, que seas un hombre malo y todo eso. Entonces, todos esos pensamientos y sus derivados, tíralos de tu cabeza.

Puedes ser, y estoy segura de que lo eres, un hombre bastante normal, un niño normal que hizo todo por su novia, pero... Lo que pasó, pasó. No importa lo genial que seas. ¿Por qué? Porque simplemente, puede ser el caso, que ella se ha sentido atraída por las nuevas sensaciones, por el placer, por las experiencias emocionales, por algo nuevo, no necesariamente mejor, sino simplemente nuevo. Para ellas, es como comprar un nuevo bolso en una tienda; quizás no sea cómodo o útil, pero le gustó y lo compró.

Entonces con la traición, las cosas son de la misma manera, ella quería, ella lo tomó y te cambió. En general, el punto aquí es la falta de una educación correcta, y en nuestro caso, la ausencia de un sistema de valores correcto, es decir, tradicional, sin pensar en las consecuencias del acto. Bueno, ya sabes, la pasión, los sentimientos, las emociones, refrenaron su cabeza. Y las consecuencias se disparan. Quizás muchas mujeres, piensen después. Y muy a menudo muchas de ellas, al darse cuenta y sentir estas consecuencias, se arrepienten de lo que han hecho. Después de todo, a menudo después de su traición, pierden más, mucho más de lo que pensaban. Así que tu novia, engañándote, es probable que te pierda, ¿verdad? ¿La hará sentir mejor?

Cuando el placer está por encima de todo, y el honor, la honestidad, la conciencia, el respeto, la decencia, la devoción, el amor, se convierten en objeto de burla, y algunas personas no entienden nada de estas cosas, resulta que simplemente cosechamos lo que hemos sembrado. La cultura nos hace personas, y si no la tenemos... en animales. Así que, en muchos casos, no fue la chica la que te engañó, fue el producto de esta cultura la que te engañó, haciéndote creer que podías entregarte entero y poner las manos en el fuego por esa chica, cuando en realidad a ella, la cultura de lo fácil y desechable le enseñó lo contrario.

Sin embargo, hay chicas con una buena educación y un sistema de valores bastante digno, por lo que no trataremos a todas con el mismo pincel. Pasemos a la siguiente pregunta.

¿Qué hacer con ello? Me refiero a cambiar. Bueno, ¿qué haces si te encuentras con un artículo defectuoso? Probablemente lo cambies. Aquí, también, si crees que te mereces lo mejor, o, mejor dicho, la mejor chica, entonces estás buscando a esta mejor chica para ti y deja que tu traidora se vaya por los cuatro costados. Al final, tu novia solo es tuya condicionalmente, por así decirlo, según los términos de tu acuerdo con ella, e incluso un matrimonio legal no te da derecho a administrar completamente la vida de tu pareja. En este sentido, nuestra cultura, gracias a Dios, tiene en cuenta los intereses del individuo. Por lo tanto, si una persona no te conviene, cámbiala. Y no hay necesidad de hablar más.

No te suicides porque alguien no te apreció y no estuvo a la altura de tus expectativas. Si viste en una persona algo más de lo que realmente es, ¿es culpa de esa persona? Bueno, no esperes que de un manzano comience a dar frutos con cerezas. Por supuesto, se deben sacar ciertas conclusiones de esto, después de todo, la traición podría haber ocurrido, incluso por tu culpa. Acepta la posibilidad de que tú también tengas la culpa. No le preguntes a tu novia de qué eres culpable. Esta es una pregunta estúpida, de verdad. Es poco probable que obtengas una respuesta veraz, lo más probable es que escuches una mentira con la que la mujer quiere justificarse. Para entender cuál puede ser tu culpa en lo que pasó, necesitas mirar objetivamente toda la situación como un todo, en el contexto de toda tu vida junto con esta pareja, lo cual es muy difícil de hacer bajo la influencia de las emociones, es decir, por tu cuenta. Pide ayuda a tus amigos, si tienes amigos inteligentes, y si tienes alguno, me refiero a verdaderos amigos, no amigos regulares. O mejor aún, consulta a un psicólogo para obtener ayuda. Explíquele todo correctamente, en todos los detalles, por así decirlo, y él pondrá todo en su lugar para ti, es decir, te ayudará a mirar tu situación desde el exterior y comprender los patrones. Esto, a su vez, te permitirá comprender qué papel jugaste en lo que te sucedió y, en consecuencia, corregir todo lo que necesitas corregir en ti mismo para evitar que una situación similar vuelva a suceder en el futuro.

Aquí hay otro punto que deben considerar, queridos lectores. La traición, por supuesto, es un pecado terrible, reprensible, condenado, merecedor de castigo, pero en nuestro mundo vicioso queda poca pureza e impecabilidad, por lo que a veces vale la pena cerrar los ojos ante el pecado de otra persona para no ser juzgado por los propios pecados. Pero todos pecamos, o, mejor dicho, todos somos propensos al pecado. Entonces, ¿por qué debemos juzgar a los demás? Es mejor pensar en nuestra propia vida. Porque, como dicen, quien no está libre de pecado. ¿Entiendes de lo que estoy hablando? La vida puede resultar de tal manera que mañana usted mismo no sea completamente honesto con esa persona que una vez, por ejemplo, lo engañó. Quién sabe, tal vez mañana también engañes a tu pareja; y entonces, ¿qué te dirás a ti mismo, ¿cómo justificarás tu acto? Pero hoy, ahora, puedes simplemente odiarla, puedes sufrir, no encontrar lugar para ti, porque tu Ego fue herido, porque fuiste traicionado. Así que tal vez deberías pensar en el mañana, no tanto por venganza, sino por el deseo de experimentar placer, ¿puedes hacerlo? No, de ninguna manera estoy diciendo que esto sea correcto, que no seas mejor que tu novia y que tu posible tendencia a engañarla sea una excusa para ella. Solo quiero que pienses en lo que podría ser el mañana en tu vida y cómo la infidelidad de tu novia podría afectar tus decisiones.

En cualquier caso, la vida de un hombre no termina con la infidelidad femenina, simplemente comienza. Cualquier incidente que nos conmocione, cualquier golpe del destino es una señal que está diseñada para llamar nuestra atención sobre nuestra vida, sobre nuestro sistema de valores, sobre nosotros mismos. Definitivamente necesitas cambiar algo, porque si una chica te engañó, esto indica que sucedió algo que debería haber sucedido, simplemente no viste los hechos previos para esto. Por lo tanto, necesitas cambiar algo en tu vida y en ti mismo. Lo que exactamente depende de la situación. O debes aprender a elegir a las chicas adecuadas, mujeres que no engañen, o debes comportarse de manera diferente con ellas para no empujarlas a engañar y no crear condiciones para ello, o debes cambiar tu estilo de vida para estar con tu novia más a menudo, y no estar en el trabajo todo el día para desaparecer, y así sucesivamente. Considerándolo todo, es necesario sacar una conclusión objetiva de lo que sucedió, de modo que no solo se pueda ver en la mujer el motivo de su traición, sino que también se puedan encontrar y comprender los errores de uno. No necesitas vivir como antes, necesitas cambiar tu vida. Después de todo, todos merecemos amor y felicidad, pero cada persona tiene su propio camino hacia ellos. Por lo tanto, actos tan repugnantes como la traición [si es inaceptable para ti], que nos produce el dolor mental más fuerte, nos dirigen en la dirección correcta, ayudándonos a llegar a nuestra felicidad.

Cómo perdonar la traición

Como hemos dicho, si su cónyuge te engañó, entonces tiene una opción: perdonar o irse. Categóricamente no recomiendo la venganza, porque al hacer esto no resolverás nada y no cambiarás nada. La venganza definitivamente no tendrá un efecto positivo en la felicidad de su familia. Simplemente cometerá el mismo acto traicionero y clavará el último clavo en el ataúd de la felicidad de su familia. A diferencia de la venganza contra los enemigos, que muestra tu fuerza, tu capacidad para defenderte, proteger tus intereses y, a veces, te permite restaurar algo de justicia, por lo que tiene sentido, vengarse de una pareja no trae ningún beneficio, excepto quizás la satisfacción moral, que embota un poco la experiencia de un devoto dolor de cónyuge. De lo contrario, tal venganza no tiene sentido.

Sí, también puedes empezar a engañar a tu esposo/esposa, solo por diversión, no por venganza, si los valores familiares no son importantes para ti. Entonces no habrá confianza en su familia en absoluto. Pero si estos son importantes para ti, si el amor libre no te atrae de ninguna manera, entonces o perdonas a tu cónyuge, con la expectativa de que se dé cuenta de su error y cambie, o buscas a otra persona que sea más devota y más honesta. Sí, esa persona no es fácil de encontrar, pero es posible. Y el que busca siempre encuentra. Y la venganza no resolverá nada aquí, porque está destinada a la guerra, y las relaciones normales son la cooperación.

A veces, claro, cuando llevas muchos años conviviendo con una persona, cuando ya tienes hijos, es demasiado tarde para buscarle un sustituto, por muy escoria que sea. Así que echemos un vistazo al perdón. Después de todo, siempre es más fácil destruir algo que construirlo, y si tu pareja está sinceramente arrepentida por su acto, ¿por qué no perdonarlo? ¿Cómo hacerlo? Arriba, escribí sobre por qué las personas a veces no saben lo que están haciendo. Quieren algo y luchan por ello, sin pensar en el precio de su deseo y sus consecuencias. El deseo de placer es inherente a nosotros por naturaleza, por lo que nuestros instintos a veces nublan por completo nuestra mente y nos obligan a cometer errores.

Muchas personas, cuando hacen trampa, no piensan en nada en absoluto. Verá, un traidor, si tiene conciencia, si es una persona normal que acaba de cometer un error y no cometió adulterio deliberadamente, manchando los sentimientos de su pareja, entonces se castigará constantemente por lo que ha hecho. Después de todo, cuando cometió su acto de traición, no pensó, o, mejor dicho, pensó como un animal, y no como un hombre. Y cuando lo piensa, como persona que tiene conciencia, algunos principios morales, verá muchos aspectos negativos en su acto y comprenderá quién es después de lo que ha hecho. Ser traidor ante los ojos de su pareja no es fácil, y este es el castigo al que una persona se expone por una obra tan imperfecta.

Solo tienes que apaciguar tu orgullo, sacrificarlo en aras de la felicidad familiar, que, a pesar de la traición, es posible. Además, a veces la traición solo fortalece el matrimonio, cuando las personas son plenamente conscientes a través del estrés experimentado, de lo importantes que son el uno para el otro. Por lo tanto, perdonar la traición: una persona sacrifica su orgullo, su Ego, en aras del amor y la felicidad, en aras de preservar la unión. Demuestra tu amor a tu esposo/a perdonándole la infidelidad, contribuye a tu felicidad común y la tuya. Bueno, si después de eso tu esposo/esposa te vuelve a traicionar, entonces él/ella no te ama. Así que no hay nada humano en él/ella. Y si no quieres vivir sin amor, si no quieres vivir con un animal para quien el placer corporal está por encima de todo y soportar sus traiciones, vete. Este es un acto digno de respeto.

No importa cuánto condenemos el adulterio, siempre será parte de nuestras vidas. Es difícil librar a las personas de aquello con lo que nacen. Sí, y no tienes que hacerlo. En nuestra sociedad siempre existirán personas con una buena crianza y un sistema de valores altamente moral con los que se puede construir una familia feliz. Y siempre habrá aquellos para quienes el adulterio es la norma, que están dispuestos a traicionar a cualquiera por su propio placer. Solo tenemos que decidir a qué tipo de personas queremos pertenecer y luchar por esas personas. En algunos casos, la traición puede y debe ser perdonada, porque las personas no son perfectas ni tan inteligentes como para no cometer errores. En mi juventud, estaba convencida de que ninguna traición merece perdón: mi mente inmadura y mi sangre caliente no me permitieron aceptar este acto como aceptable. Pero gracias a mucha experiencia trabajando con personas en este problema, cambié mi punto de vista al respecto. Y ahora puedo decirles con plena confianza que en los casos en que el adulterio es el resultado de un error de una persona, puede ser perdonado. Y si necesita hacer esto, decida usted mismo.

Como ejercicio, piense en su propia versión del poema en prosa sobre el tema "Quiero".

Quiero aprender a escucharte y no juzgarte.

Quiero que me enseñes a hablar de nuestras decepciones sin culparnos unos a otros.

Quiero que aprendas a confiar en mí sin pedir nada a cambio.

Quiero enseñarte a ayudarme sin intentar decidirlo todo por mí.

Quiero aprender a discutir contigo, pero no a pelear.

Quiero que me enseñes a cuidarte sin menospreciarte.

Quiero aprender a mirarte sin proyectar en ti mis problemas.

Quiero enseñarte a abrazarme, pero no a privarme del aire.

Quiero aprender a estar más cerca de ti, dejándote un espacio personal.

Quiero que me enseñes cómo ayudarte para que te mantengas fuerte.

Quiero enseñarte a comprender mis imperfecciones.

Quiero... que después que nos conozcamos, podamos reelegirnos. Como aquel día, pero mejor...

Sobre todo, quiero estar seguro de que eres feliz sin mí.

Y aún más felices... cuando estamos juntos.

#######

www.ingramcontent.com/pod-product-compliance
Lightning Source LLC
Chambersburg PA
CBHW050743180726
48003CB00019B/910